Geschichte

der

erloschenen Herzoglich Jenaischen Linie

Herzog Bernhards II

zu Sachsen Jena ꝛc. und dessen Sohn

Johann Wilhelm,

sammt

einer kurzen Biographie der einzigen Prinzessin Herzog Bernhards,

Charlotte Maria.

Ein

Beitrag zur Sächsischen Geschichte,

bearbeitet

von

Joh. Aug. Christ. von Hellfeld,

der Rechte Doctor und Privat-Docent auf der Universität Jena, wie auch Großherzogl. und Herzogl. Sächß.,
und Fürstl. Reuß. Oberappellationsgerichts-Advokat.

Jena 1828.

Gedruckt auf patriotische Subscription und im Verlag
des Verfassers.

Bibliografische Information der Deutschen Nationalbibliothek:
Die Deutsche Nationalbibliothek verzeichnet diese Publikation in der
Deutschen Nationalbibliografie; detaillierte bibliografische Daten sind
im Internet über http://dnb.dnb.de abrufbar.

2021 pitdejene

Diese Ausgabe ist eine Reproduktion der Originalausgabe von Johann
August Christian von Hellfeld aus dem Jahr 1828. Durch die Umset-
zung in eine moderne Schriftart verschiebt sich das Layout. Die orig-
nalen Seitenzahlen sind an den Außenrändern mit angegeben (die teil-
weise falschen Seitenzahlen im Original hier in grau), um Referenzen
nachverfolgen zu können. Alles Andere wurde möglichst originalgetreu
übernommen.
Es sind noch zwei Stammbaumausschnitte zur Übersicht mit einge-
fügt. Auf dem Cover ist eine Zeichnung des Jenaer Schlosses (undatiert)
und Zeichnungen von Herzog Bernhard sowie Marie Charlotte de La
Trémoille.

Herstellung und Verlag: BoD – Books on Demand, Norderstedt

ISBN: 9783754333907

Herzog Wilhelm IV.
von Sachsen-Weimar **Fürstin Eleonore Sophie**
von Anhalt-Dessau
* 21.04.1598 in Altenburg
† 27.05.1662 in Weimar
* 16.02.1602 in Dessau
† 26.12.1664 in Weimar

Herzog Wilhelm
von Sachsen-Weimar
* 26.03.1626 in Weimar
† 01.11.1626 in Weimar

Herzog Johann Ernst II.
von Sachsen-Weimar
* 11.09.1627 in Weimar
† 15.05.1683 in Weimar

Herzog Johann Wilhelm
von Sachsen-Weimar
* 16.08.1630 in Weimar
† 16.05.1639 in Weimar

Herzog Adolph Wilhelm
von Sachsen-Weimar
* 15.05.1632 in Weimar
† 21.11.1668 in Eisenach

Herzog Johann Georg
von Sachsen-Weimar
* 12.07.1634 in Weimar
† 19.09.1686 in Jagdhaus Prunftau bei Wilhelmstal

Herzogin Wilhelminen Eleonoren
von Sachsen-Weimar
* 07.06.1636 in Weimar
† 01.04.1653

Herzog Bernhard
von Sachsen-Weimar
* 21.02.1638 in Weimar
† 03.05.1678 in Jena

Herzog Friedrich
von Sachsen-Weimar
* 18.03.1640 in Weimar
† 18.08.1656 in Weimar

Herzogin Dorothea Marie
von Sachsen-Weimar
* 14.10.1641 in Weimar
† 11.06.1675 in Schloss Moritzburg in Zeitz

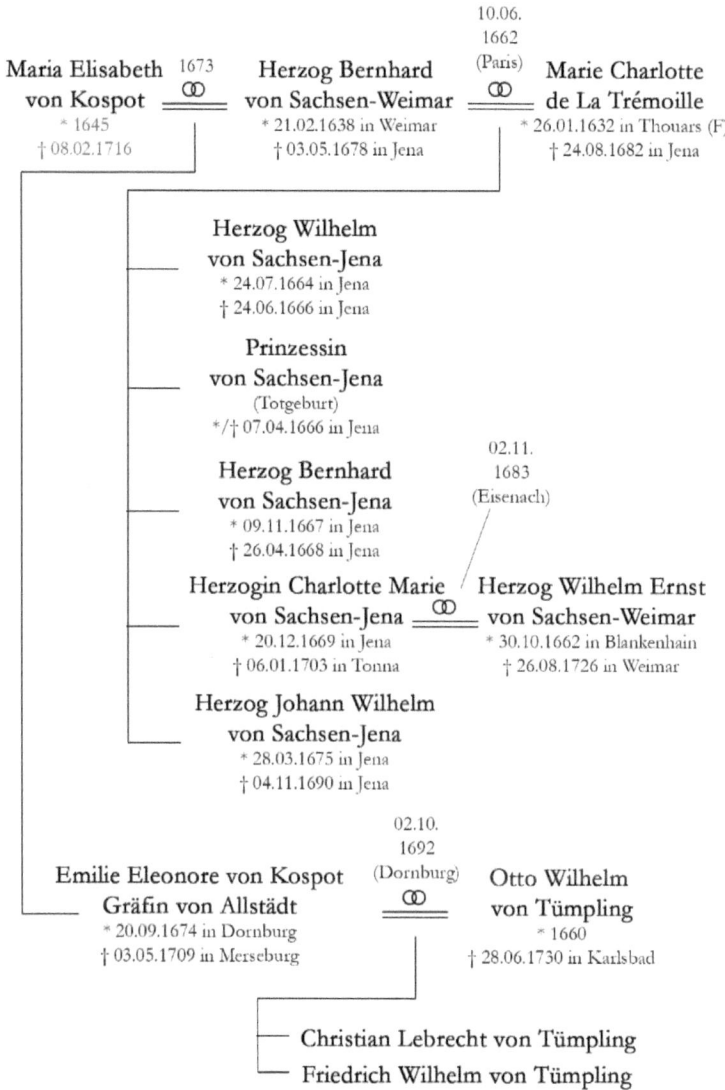

Maria Elisabeth 1673
von Kospot ⚭
* 1645
† 08.02.1716

10.06.
1662
(Paris)
Herzog Bernhard
von Sachsen-Weimar ⚭
* 21.02.1638 in Weimar
† 03.05.1678 in Jena

Marie Charlotte
de La Trémoille
* 26.01.1632 in Thouars (F)
† 24.08.1682 in Jena

Herzog Wilhelm
von Sachsen-Jena
* 24.07.1664 in Jena
† 24.06.1666 in Jena

Prinzessin
von Sachsen-Jena
(Totgeburt)
*/† 07.04.1666 in Jena

Herzog Bernhard
von Sachsen-Jena
* 09.11.1667 in Jena
† 26.04.1668 in Jena

02.11.
1683
(Eisenach)

Herzogin Charlotte Marie
von Sachsen-Jena ⚭
* 20.12.1669 in Jena
† 06.01.1703 in Tonna

Herzog Wilhelm Ernst
von Sachsen-Weimar
* 30.10.1662 in Blankenhain
† 26.08.1726 in Weimar

Herzog Johann Wilhelm
von Sachsen-Jena
* 28.03.1675 in Jena
† 04.11.1690 in Jena

02.10.
1692
(Dornburg)

Emilie Eleonore von Kospot
Gräfin von Allstädt ⚭
* 20.09.1674 in Dornburg
† 03.05.1709 in Merseburg

Otto Wilhelm
von Tümpling
* 1660
† 28.06.1730 in Karlsbad

Christian Lebrecht von Tümpling
Friedrich Wilhelm von Tümpling

Vorrede.

Wenn ich gegenwärtige kleine Schrift dem Publicum übergebe, so muß ich bemerken, daß zu deren Bearbeitung mich weder Gewinnsucht noch Broderwerb bewogen haben, - wenn gleich ich nicht so glücklich bin, eine fixirte Anstellung zu begleiten, - sondern lediglich Neigung für die Geschichte meines Vaterslandes und meiner Vaterstadt, und weil ich nicht zweifle, daß es jedem Patrioten und Bewohner Jena's angenehm seyn muß, Kenntniß von den Ereignissen derjenigen Zeitperiode zu bekommen, wo Jena eine eigene Residenz bildete, und mit den dazu geschlagenen Landen, ein besonderes Herzogthum ausmachte, da über diesen Gegenstand bis jetzt, so viel mir wissend, noch keine zusammenhängende Erzählung vorhanden ist, sondern dieser Nebenlinie in der Geschichte immer nur kurzer Erwähnung geschieht.

IV

Was die beigefügten, so wie diejenigen Urkunden, aus welchen ich verschiedene Nachrichten geschöpft habe, anbelangt, so habe ich solche theils selbst besessen, theils aus hiesiger Universitäts-Bibliothek gütigst mitgetheilt bekommen, theils aus freundschaftlicher Hand erhalten, welches ich dankbar erkenne.

Uebrigens sage ich auch allen verehrlichen Subscribenten für die Beförderung meines Unternehmens herzlichen Dank. Dem schönsten Lohn gewährt mir aber noch die Theilnahme, deren die erhabenen Fürstl. Personen mich bei meiner Arbeit gewürdigt haben.

Uebrigens erbitte ich mir das schonende Urtheil der Kenner, und empfehle mich und meine Bemühungen dem Wohlwollen meiner geehrten Leser.

Jena den 29 März 1828.

Der Verfasser.

Subscribenten-Verzeichniß.

Ihro Königl. Hoheit Herr C a r l F r i e d r i c h , Erbgroßher-
zog zu Sachsen-Weimar-Eisenach.

Ihro Kaiserliche Hoheit Frau M a r i a P a u l o w n a , Erb-
großherzogin zu Sachsen-Weimar-Eisenach.

Ihro Herzogliche Durchl. Herr F r i e d r i c h , Herzog zu
Sachsen-Altenburg, 12 Exemplare.

Ihro Hoh. Herr Herzog C a r l A l e x a n d e r J o h a n n .

J e n a .

A.

Herr Ambrosius, Amtsactuarius.
- Ammon, Tischlermeister.
- Artus, Kleidermacher.

B.

Herr Bachmann, D. u. Prof.
- Baumgarten Crusius, D. K. R.
- Baumann, Hofgärtner.
- Bartels, Raths-Apotheker.
- Bischoff, Policei-Inspector.
- Braun, Dr.
- Brüger, Actuarius.

C.

- Carl, Kaufmann.

D.

Herr Danz, Dr. u. Consistorial-Rath.
- von Deyn, Dr.
- Domoratius, Conzertmeister.
- Döbereiner, Dr. u. Hofrath.

E.

- Eichstedt, Dr. und Geheime-Hofrath.
- Eichmann, Dr. u. Ober-Appellationsrath.
- Eckardt, sen. Gerbermeister.
- Eckardt, jun. Gerbermeister.
- Eltze, Seifensiedermeister.
- Emminghaus, Dr. u. Regierungsrath.

F.

- von Fritsch, Freiherl. Excellenz, Staatsminister. zu Weimar.
- Fries, Dr. u. Hofrath.
- Fuchs, Dr. u. Hofrath.

G.

- Gebser, Dr. u. Baccalaureus.
- von Gohren, Dr. und Justizrath.
- Göbel, Dr. und Professor auch Universitäts-Apotheker.
- Götze, Weggebau-Inspector.
- Göttling, Dr. u. Prof.
- Grellmann, Beckermeister.
- Gräfe, Rector.
- Grödel, Seifensiedermeister.
- Gruber, Porcellanmahler.

Herr Gruner, Dr. u. Oberappellations-Gerichtsadvok.
- Gruner, Consistorial-Rath.
- Günther, Dr.

H.

- Hand, Dr. und Professor.
- Henzold, Cämmereiverwalter.
- Hering, Hofzinngieser.
- Hencke, Dr. u. Baccalaureus Theol.
- Heydenreich, Kaufmann.
- Heydenreich, Kaufmann zu Ronneburg.

- Hoffmann, Dr. und Professor.
- Hogel, Rath.
- Höpfner, Conrector.
- Huschke, Dr. u. Professor.

J.

- Junckelmann, Gastgeber.

K.

- Keßler, Mühlenbau-Inspector.
- von Kleefeld.
- von Knöbel, Major.
- Konapack, Dr. u. Oberappellations-Gerichtsrath.
- Koch, Kaufmann.
- Koch, Gold- und Silberarbeiter.
- Körner, Raths-Wagemeister.
- Kerl, Dr. Canzleirath u. Amtmann.
- Kuntze, Justizrath.

L.

Herr Lange, Rentamtmann.
- Lenz, Dr. und Bergrath.
- Laves, Professor.
- Luden, Dr. u. Geheime-Hofrath.
- von Lynker, Freih., Obrist und Landrath.

M.

- Martin, Dr. Geh. Justizrath- u. Oberappellationsr.
- Martin, Dr. und Professor.
- Mose, Ballhausbesitzer.
- Moser, Tischlermeister.
- von Motz, Präsident, 2 Exemplare.
- Müller, Geh. Regierungs- und Oberappellations-Rath.
- Müller, Rentamtmann.

O.

- Oehme, Akademischer Zeichenmeister.
- Ortloff, Dr. u. Oberappellations-Rath.

P.

- Penner, Handelsherr.
- Pflug, Kupferarbeiter.

R.

- Rieck, Rolieei-Secretät.
- Rittler, Hofapotheker.
- Rothe, Leihbibliothekbesitzer.

S.

Herr Sachse, Stadtrichter.
- Sieber, Stallmeister.
- Schäfer, Bürgermeister.
- Schäfer, Kaufmann.
- Schilling, Steuereinnehmer.

X
- Schmid, Dr. u. Geh. Rath.
- Schnaubert, Dr. u. Professor.
- Schröter, Dr. u. Professor.
- Schultze, Dr. und Professor.
- Spangenberg, Stadtkirchner.
- Stark, Dr. und Geh. Hofrath.
- Stark, Dr. u. Hofrath.
- Succov, Dr. u. Hofrath.

T.

- Timler, Kaufmann.
- Thorn, Gold- und Silberarbeiter.
- Trebitz, Seifensiedermeister.

V.

- Voigt, Kaufmann.
- Völker, Pachter der Akademischen Kellerei.
- Völker, Kaufmann.

W.

- Wolch, Dr. Justiz- u. Oberappellations-Rath.
- Weller, Dr.
- Werner, Bürgermeister.
- Westphal, Conzertmeister.
- Witzmann, Gasthofbesitzer.

14

Z.

Herr von Ziegesar, Freiherr, Oberappellationsgerichts-Präsident, 2 Exemplar.
- Zimmern, Dr. u. Oberappellations-Rath.

<u>1</u> ‿Herzog Bernhard, welcher in der Geschichte der zweite oder auch ältere genennt wird, *) glänzt zwar nicht als Kriegsheld, - welche größtentheils nur Gegenstände der Biographien zu seyn pflegen, - in der Geschichte; Allein als ein Fürst, welcher in seinem kleinen Staate, während seiner kurzen Regierung bedeutende, höchst schäzbare Verdienste sich erworben hat, und es unbezweifelt ist, daß diejenigen Regenten welchen die Beförderung des Wohls ihrer Länder und Unterthanen, sich lediglich angelegen seyn lassen, vor andern, welche vielleicht nach habsüchtigen Eroberungen streben, und zu Erreichung ihrer Zwecke sich oft jeder Mittel, wären <u>2</u> ‿es auch die unerlaubtesten, bedienen, die Sorge der Regierung aber in fremde Hände legen, bleibende Denkmäler verdienen, gebührt auch ihm gewiß ein Platz in der Geschichte.

Bernhard war ein frommer, gerechter, treuer Regent, und was man sagen kann, ein wahrer Vater des Vaterlandes, entfernt vom Stolz und Verschwendung, gottesfürchtig, ohne abergläubisch zu seyn, - und Künste und Wissenschaften fanden an ihm einen Kenner, Beschützer und Beförderer.

Seine Beurtheilungskraft war stark, seine Regierung preißwürdig, - zum Wohl der Unterthanen, Thätigkeit beherrschte seine Seele. Bey alle dem war er aber doch auch Mensch, als solcher nicht von Fehlern frei! – aber diese machen nur dem Schatten zum Gemählde.

---

*) Der Zweite wird er genannt wegen Herzog Bernhard dem I, oder Großen seines Vaters Bruder, der ältere aber in Bezug auf seinem jüngern Vetter, dem damals lebenden Herzog zu Sachsen Meiningen, indem beide unterm 3ten August 1676 dahin übereingekommen waren, daß zu Vermeidung alles Irrthums in ihren Schreiben und andern Schriften bey dem Taufnamen Bernhard, jedesmal der Zusatz, und zwar von Herzog Bernhard zu Jena, der Aeltere, vom Herzog zu Meiningen aber der Jüngere beigefügt werden solle, Müller in Annal S. 524

Sein Vater, Wilhelm der 4te *) hatte mit seiner Gemahlin Eleonore Sophie, gebohrne Fürstin zu Anhalt, neun Kinder erzeugt.

1) Wilhelm gebohren zu Weimar am 26. März 1626, welcher aber am 1sten November desselben Jahres wieder verstarb. ___3

2) Johann Ernst, geb. zu Weimar den 11. September 1627.

3) Johann Wilhelm geb. zu Weimar am 16ten August 1630, welcher im 9ten Jahre seines Alters, am 16ten August 1630 **) wieder verstarb.

4) Adolph Wilhelm geb. am 15ten März 1632.

5) Johann Georg geb. zu Weimar am 12. July 1634.

6) Wilhelminen Eleonoren geb. zu Weimar am 7ten Juny 1636 starb am 1. April 1653.

7) Bernhard.

8) Friedrich geb. zu Weimar am 18. März 1640, starb den 18ten August 1656 und

9) Dorothea Marie, geb. zu Weimar am 14ten Octbr. 1641 vermählte sich an Herzog Moritz zu Sachsen Zeitz, und starb am 11ten Juny 1675.

Von den bey dem Absterben Wilhelms des 4ten noch lebenden vier Prinzen, war unser Bernhard der jüngste, der Reihefolge nach aber der sechste.

Er wurde zu Weimar 1638 am 21. Febr. gebohren, und zwar an eben dem Tage, an welchen seines Vaters Bruder

---

*) Der erste dieses Namens war Wilhelm der einäugigte, Friedrichs des ernsthaften, Landgrafs in Thüringen und Markgrafs zu Meißen sechster Sohn, gebohren den 18ten Decbr. 1343, gestorben den 10ten Februar 1407. Der zweite, Wilhelm der reiche, Landgraf Friedrichs des strengen anderer Sohn, gebohren den 12ten März 1370, gestorben am 1ten April 1425. Der dritte war Wilhelm der tapfere, Churfürst Friedrichs des streitbaren vierter Sohn, gebohren den 30ten April 1425 gestorben am 27ten Septbr. 1482, und liegt der erste zu Meißen, der zweite zu Altenburg, und der dritte zu Weimar in der Hauptkirche begraben.

**) *Druckfehler, es muss 16ten Mai 1639 heißen*

Bernhard der Große, welcher auch sein Pathe war, und von dem er dem Namen empfangen, die berühmte Schlacht bey Rheinfelden erfocht, und alle Kaiserliche Generals gefangen bekam. *)

In seiner Jugend genoß er einen sorgfältigen Unterricht, in der Religion, in Sprachen, in der Staatskunst, in der Geschichte und Mathematik; aber die Festungsbaukunst, und die Tonkunst hatte nebst der Musik einen so überwiegenden Reiz für ihn, daß er ihnen seinen Fleiß und vorzüglichen Eifer widmete, und zu seiner frühern Ausbildung trug auch die Reise, die er 1653 in Begleitung seines jüngern Bruders, Friedrich in die Gegend Oberdeutschlands unternahm, nicht wenig bey.

Er wohnte damals der Krönung Kaiser Ferdinands des III zu Regensburg bey **) und durch diese Reise mit neuen Eifer für die Wissenschaften belebt, bezog er im folgenden Jahre (1654 am 24ten Febr.) zu Anfang seines siebzehnten Jahres in Gesellschaft seines gedachten Bruders Friedrich und unter Leitung ihres gemeinschaftlichen Hofmeisters, Heinrich von Schwechhausen, und Lehrers, Daniel Lipstorp nebst einem besondern Hofpersonale, die Universität Jena. Bey dem Dorfe Großschwabhaußen wurden beide Fürstl. Prinzen von Otto Wilhelm Grafen von Königsmark, welcher damals ebenfalls Studierens halber sich zu Jena aufhielt, so wie von einer bedeutenden Anzahl Studenten, welche zwei Trupps zu Pferde, über funfzig Mann stark, bildeten, von welchen der eine von des Grafen Hofmeister, Namens Graf, und der andere von Hanß Bastian von Zehm angeführt wurde, empfangen.

Der Graf von Königsmark bewillkommte die jungen Prinzen mit einer deutschen Rede, welche von dem ältesten Prinzen Bernharden beantwortet wurde. Bey dem Einzuge in

---

*) Meine Geschichte Bernhards des Großen, Herzog zu S. Weimar. Leipzig bey Heinsius 1797. S. 291. Tentzel Ernest. Med. Cabinet P. 705.
**) Galetti Geschichte Thüringens 29tes Buch 3ter Abschn. S. 129. ff.

dem Fürstl. Schloß *) warteten ihnen die sämmtlichen Professoren der Akademie auf, und der damalige erste Professor der Theologie D. Johann Ernst Gerhard, gratulirte Namens derselben in einer in lateinischer Sprache abgefaßten Rede den Prinzen zu ihrer Ankunft **) und zugleich wurde dem Prinzen Bernhard die Würde eines Rectoris Magnificentis simi übertragen.

Diese feierliche Rede beantwortete Prinz Bernhard ebenfalls in lateinischer Sprache, und dem vierten Tag darauf, als den 23sten Febr. erfolgte die Uebertragung des Rectorats selbst auf eine feierliche Art in der Stadtkirche.

Die beiden Fürstlichen Eltern, so wie der ältere Prinz Johann Ernst, und die Prinzessin Dorothea Maria, hatten sich Tags vorher nach Jena begeben, um dieser Solennität beizuwohnen. — 6

Nach beendigten solennen Actus wurde er von den Professoren und mehrern Gliedern der Akademie, über dem Markt in das Collegium und Consistoriums Zimmer, und aus diesem durch das Juristische in das theologische Auditorium begleitet, in welchen letztern ein herrliches Mahl gegeben wurde, zu welchen alle Universitätsglieder eingeladen waren, und solchen beiwohnten.

---

*) Die Prinzen bezogen in solchen den vom Herzog Johann Wilhelm im Jahr 1570 erbauten Flügel gegen Abend. Adrian Beyers Architectus Jenensis S. 221.
**) Müller in Annal. S. 395.

Ein köstliches Feuerwerk endigte das allgemeine Freudenfest *). Dieses Rectorat verwaltet, Bernhard bis zum 8ten Novbr. 1654 wo dessen Bruder Friedrich, in Beiseyn der Erlauchten Eltern und Geschwister, als Rector Magnificentissimus feierlich introducirt, und dem Professor der Medizin, D. Gottfried Möbius, das Prorectorat übertragen wurde, welcher solches bis zum 26ten Sept. 1655 verwaltete.

Von dieser Zeit an führte Bernhard diese Würde, bis zu seinem Abgang von der Universität, und während dieser Zeit waren die Prorectoren, D. Christian Chemnitius, D. Georg Adam Struve, der Professor der Medicin, Johann Theodor Schenk, der Professor der Mathematik M. Ehrhardt Weigel, und D. Johann Musäus. **)

Nach einem Aufenthalt von drei Jahren, legte Bernhard diese Würde am 16ten Novbr. 1657 nieder, und verließ die Akademie.

---

*) Die bey dieser Gelegenheit geprägten und ausgetheilten ganzen und halben Thaler, befinden sich in Tentzels Ernestinischen Medaillen-Cabinet S. 608, und sind von der Beschaffenheit, daß sie im obern Theil ein doppelt Herz, im untern Theil aber ein W bilden, welche Herzen auf der ersten Seite in der Mitte Churfürst Johann Friedrichs Brustbild, und die Umschrift haben:

Wilms Hertzog, zur Weisheit seinen Sohn Bernhard Rector der Academie Jena. Elter Vater war Jo. Friedrich Churfürst zu Saxen: An 1654 25 Febr. Mitten in den Herzen der andern Seite aber, sind zwei Brustbilder, nemlich Herzog Johann Friedrichs und Herzog Johann Wilhelms, nebst einer lateinischen Aufschrift, welche übersetzt, so lautet: „Die Stifter der Jenaischen Universität, Johann Friedrich und Johann Wilhelm, nach dem letzten Willen ihres Vaters, Churfürst Johann Friedrichs des Großmüthigen, der verstorben a. 1554, und lebet wieder in seinen Uhr-Enkel Bernhardo, welcher nach hundert Jahren die Verordnungen und Tugenden der Vorfahren wieder erneuert."
Eben diese vorgedachte Figur welche oben ein doppeltes Herz, und unten ein W. bildet, hatte auch die Tafel woran gespeißt wurde, so wie das am Abend gegebene Feuerwerk.
**) Müller in Annalen S. 395. 397. 399. 407. 414. 415.

Schon mit Anfang des Jahres 1658 trat er unter Begleitung des Herrn aus den Winkel, und eines von Marred die Reise und zwar zuerst nach Frankreich an, wo er sowohl seinen Geist als Körper noch mehr ausbildete.

Am Hofe des damaligen Königs Ludwigs des XIII wurde er als ein Sächsischer Prinz, sehr ehrenvoll aufgenommen, hatte offnen Zutritt, und genoß viele Auszeichnung. _____8

Nachdem von ihm die vornehmsten französischen Provinzen besucht worden waren, und er die spanischen Niederlande, Flandern, und Holland durchreißt hatte, traf er nach einer Abwesenheit von einem Jahre eilf Monaten am 29. Oct. 1659 wieder zu Weimar ein. *)

Bey seinen Aufenthalt zu Paris hatte er sich die Bekanntschaft seiner nachherigen Gemahlin, Maria von Tremouille, Herzog Heinrichs von Tremouille Tochter, erworben, und bey seiner einige Jahre darauf erfolgten abermaligen Reise dahin. 1662 am 24 März, verlobte er sich auf Anrathen des Herzogs von Türenne, und anderer hoher Personen, mit derselben feierlich, und am 10ten Junius darauf erfolgte die priesterliche Copulation zu Paris, in des Holländischen Gesanden Palais. **)

Die Herzogin war den 16ten Januar 1632 ***) zu Thouars gebohren, und bey ihrer Verheyrathung 31 und ein halbes Jahr alt, reformirter Religion, und hatte einen großen Titel ****) aber kein Land.

In der getroffenen Eheberedung war unter andern von _____9 Seiten der Herzogin folgendes enthalten:

*) Müller S. 426.
**) Müller S. 426.
***) *Korrektur: Marie-Charlotte de La Trémoille wurde geb. am 26.01.1632.*
****) Deren Titel lautete: „Herzogin zu Tremouille, Thune, und Loduhn, Fürstin zu Tremond, Gräfin von Lovohl, Ambose, Schuvela, Gihre, Bervonze, Monsore und Toliburg, Vitz-Gräfin zu Rhene, Frauen von Vitor, Mallon, Berei und Didonne, Marggräfin zu Epion." Beyer Architectus Jenens. S. 230.

1) daß der Herzog von seiner Gemahlin achtzigtausend Thaler, nemlich 16000 Thaler Ehegeld, 10666 Thaler Schmuck- und Kleidergeld, und 53334 Thaler verzinßlich erhalte, dergestallt, daß derselbe das jährliche Interesse zu Paris zu heben habe, und das ganze Fürstl. Hauß Tremouille, alle für einen und einer für alle dafür so lange zu haften sich verbindlich machte, bis diese Summe abgetragen worden; Welche Abtragung alsdann für bewürkt angesehen werden solle, wenn der Herzog darthun werde, daß diese Gelder in Deutschland zu Erlangung einer nützlichen Besitzung angewendet werden können.

2) Wenn die Herzogin vor ihrem Gemahl verstürbe, ohne Kinder zu hinterlassen auf der erstern rechte Erben alles und jedes, ausgenommen das Heyrathsgut, welches den Gesamthauß Weimar nach Herzog Bernhards Tode, zufalle, zurück gelangen solle.

3) In Fall aber der Herzog vor seiner Gemahlin mit Tod abgehen, und letztere ihren Wittbenstand verändern werde, des Herzogs Erben Derselben das zugebrachte Heyrathsgut, nemlich 16000 Thlr. erstatten, so wie die Wiederlegungsgelder, ebenfalls an 16000 Thlr. so lange die Herzogin an Leben mit sechs Procent verzinßen, und diesfalls Sicherheit leisten sollten.

Während dieses Aufenthalts des Herzogs zu Paris, bekam derselbe die traurige Nachricht, von dem ganz unerwarteten, am 17 May des gedachten 1662ten Jahres erfolgten Ableben seines Vaters.

Dieser Vorfall beschleunigte seine Abreise aus Paris, so daß er am 1sten Julius in aller Eile dasselbe mit einstweiliger Zurücklassung seiner Gemahlin verließ, und nach Deutschland zurückkehrte, um bey den wichtigen Geschäften die dieser Fall veranlaßte, zu Weimar gegenwärtig zu seyn.

Hier halte ich es für nöthig aus dem Leben von Bernhards Vater, Wilhelm des IVten dasjenige zu erwähnen, was auf unsern Herzog unmittelbar Einfluß hat.

Dieser Fürst, welcher wie schon gedacht, am 17ten May 1662 am heiligen Pfingstabend in einem Alter von 64 Jahren 5 Wochen und einem Tag, nachdem er sechs Tage sich krank befunden, verstarb, hatte am 5ten Februar gedachten Jahres, eine anderweite väterliche Disposition aufgerichtet, und in solcher unter andern seinen vier Söhnen, Herzog Johann Ernst, Adolph Wilhelm, Johann Georg und Bernhard, gewisse Oerter zu Residenzen benennt; nemlich für

Johann Ernst

Das rothe Schloß und Gartenhauß zu Weimar, für

Adolph Wilhelm

Das Schloß zu Eisenach, für

Johann Georg

Das Schloß Mark-Suhl, und für dem vierten

Herzog Bernhard

Das Schloß zu Jena *). Diesem gemäß unternahmen es diese vier Fürstl. Brüder sich in die von ihrem Vater hinterlassenen Lande, jedoch vor der Hand nur in Ansehung der Einkünfte derselben, zu theilen (den 20. Septbr. 1662) und dem ältesten Bruder Johann Ernst, zu Folge, der am 2. März 1629 aufgerichteten Fundamental-Satzung, die Landesregierung, um solche in gesammten Namen zuführen, zu übertragen.

---

*) Müller in seinen Annalen, S. 447 und 450 sagt: „Neben diesen hatte dieser Fürst, Tags vor seinen Absterben, am 16ten May 1662 noch eine Verordnung zu Papier bringen lassen, und eigenhändig unterschrieben, welche enthielt: daß nach seinen Absterben, er ohne einiges Gepränge, in sein unter dem Altar der Fürstl. Schloßkirche, ganz neu erbautes Begräbniß, sollte gebracht, auch niemand mehr als seine Gemahlin nach Ihm hineingelegt, sondern mit einem Grabstein verwahrt werden, auch darauf gänzlich verschlossen bleiben solle. Dieser Verordnung gemäß wurde der Fürstl. Leichnam am 24ten Junius ohne einiges Gepränge, in dieser Gruft beigesetzt.

‚Zu den angewiesenen Residenzen bekam daher ein jeder dieser Fürstl. Brüder, ohne Verloosung, bestimmte dazu geschlagene Schlösser, Aemter und Städte *) und zwar Herzog Bernhard

1) Schloß, Stadt und Amt Jena, wie auch Burgau nebst der Stadt Lobeda.
2) Amt Capellendorf,
3) Die Voigtei Brembach,
4) Die Voigtei Gebstedt,
5) Das Vorwerg Döbritschen,
6) Das Vorwerg Ettersburg,
7) Das Gleite zu Wiegendorf,
8) Das Dorf Döbritschen, und
9) Die Stadt Buttelstädt.

In Gemeinschaft blieben aber

1) Das Fürstl. Residenz Schloß zu Weimar, die Wilhelmsburg genannt,
2) Der große Welsche Garten,
3) Die Residenz Stadt Weimar,
4) Die Wartburg mit dem Zeughause,
5) Die Zilbach, und das dazu gehörige Gehölze und Jagden,
6) Die Land- und Tranksteuer-Einnahme,
7) Die Saal- Ilmen- und Werra-Flöße, und mehrere andere Stücke.

Nachdem durch das am 13ten Februar erfolgte Absterben, des junge Herzogs Wilhelm‿August von Eisenach, welcher Herzog Adolph Wilhelms zu Eisenach, einziger, nach dessen Tode gebohrner Abkömmling war, und in einem Alter von zwei Jahren drei Monaten starb, die Eisenachische Linie wieder erloschen, und dessen Lande zurück auf dessen Vettern zu Weimar, Marksuhl und Jena, gefallen waren, auch

*) Müller. S. 450. 451.

am 14ten April 1672 Friedrich Wilhelm der III, letzter Prinz der Altenburgischen Linie, in funfzehnden Jahre seines Alters, an den Kinderblattern verstorben war, erfolgte eine zweite wirkliche Landestheilung.

Doch vor solcher waren zuvörderst die durch den Altenburgischen Anfall, zwischen den Häusern Weimar und Gotha, wegen der Erbfolge entstandnen Irrungen beizulegen, und halte ich es nicht für überflüßig derer hier kürzlich zu gedenken.

Die Linie des Ernestinischen Hauses, die das Fürstenthum Altenburg besaß, entstand bey der Landestheilung die im Jahr 1603 vorgenommen wurde, und sie hatte dem berühmten Herzog Friedrich Wilhelm zum Stammvater.

Unter dessen Söhnen regierte zuerst Johann Philipp, dessen einzige Tochter Elisabethe Sophie, an dem Herzog Ernst von Gotha (1639) vermählt wurde. Ihm folgte, da er keine männlichen Erben hinterließ, und seine ältern Brüder schon gestorben waren, der jüngste unter seinen Brüdern Friedrich Wilhelm der zweite, welcher das Fürstenthum Altenburg, sowohl durch dem Koburgischen Anfall, als durch einen Theil der Grafschaften Henneberg ansehnlich vermehrte 1669. *) Jede von den beiden Hauptlinien, des Ernestinischen Haußes, die Weimarische und die Gothaische, behaupteten die meisten Ansprüche auf diese erledigten Lande zu haben.

Die Weimarischen Herzöge verlangten dem Vorzug um deshalb, weil sie von dem ältern Sohn des Herzog Johann, dem Großvatersbruder, des letzten Herzogs zu Altenburg abstammten, und weil noch überdies Herzog Friedrich Wilhelm der II auf dem Fall, daß seine Linie mit seinem Sohne aussterben würde, denjenigen Seitenverwandten, den die Erbfolge nach dem Rechte der Erstgeburt zukomme, zum Erben eingesetzt hatte, 1668. **) Herzog Ernst von Gotha aber

_____ 14

---

*) Galetti Geschichte Thüringens 27tes Buch 3ter Abschn. S. 10.
**) Müllers Annal. S. 482. Lünigs Reichs-Archiv P. sp. Cont: II Abthl. IV Abschn. II. S. 580 f.

setzte ihnen entgegen; daß er wegen seiner Gemahlin, nicht nur dem letzten Herzog zu Altenburg um einen Grad näher verwand sey, sondern daß auch den Sächsischen Rechten zu Folge, die Bruderskinder, mit dem überlebenden Bruder, nicht zugleich erben könnten.

Auf diese Art hielten sich beide Theile für berechtigt, sich des Besitzes zu versichern.

15 Herzog Bernhard zu Jena begab sich sogleich auf die Nachricht von dem Tode seines Vetters nach Altenburg, schnitt in Gegenwart eines Notars und verschiedner Zeugen, aus der Thür des Fürstl. Mittelgemachs auf dem Schloße einen Span heraus, und nahm dadurch die Stadt und das Amt Altenburg in Besitz.

Gotha beobachtete eben dieses in Ansehung einiger andern Aemter.

Dergestalt hatte man daher allerdings Ursache, unangenehme Folgen dieser Streitigkeiten zu befürchten.

Um diesen vorzubeugen schritt man zu friedlichen Unterhandlungen.

Friedrich, der Erbprinz von Gotha, und die beiden Herzöge, Johann Georg und Bernhard, und zwar dieser auch in Vollmacht seines ältern Bruders Herzog Johann Ernst, kamen deswegen zu Altenburg zusammen, und machten einstweilen aus; daß jeder von beiden Theilen die in Besitz genommenen Aemter, so lange behalten solle, bis die Sache völlig entschieden sey. *)

Dieß wurde in Zeit von einigen Monaten glücklich zu Stande gebracht.

Die beiden Häuser Weimar und Gotha schlossen einem Vergleich, der dem ganzen Erbstreite ein Ende machte.

16 Vermöge dessen erhielten die Herzöge zu Weimar:

1) Schloß, Amt und Stadt Dornburg.

2) Schloß, Stadt und Amt Allstedt.

---

*) Müller. S. 497.

3) Amt Roßla, nebst der Stadt Sulza, jedoch mit Ausnahme des dasigen Salzwerks, welches dem Fürstl. Gothaischen Theile verblieb.

4) Amt und Stadt Bürgel nebst dem Vorwerk Kniebsdorf.

5) Amt Heusdorf.

6) Dem Altenburgischen vierten Theil an den Geleite zu Erfurt.

7) Die Hälfte des Georgenthäler Hofs zu Erfurt.

8) Die Landeshoheit und die Steuern in der Herrschaft Remda, und dem Gute Apolda, die der Akademie zu Jena gehören. *)

9) Die Landeshoheit und die Steuern nebst dem Wiedereinlösungsrecht des Amtes Hardesleben, und das Vorwerk Schwabsdorf.

10) Amt Krainberg, das vorher zu der Gothaischen Hälfte des Fürstenthums Eisenach gehörte. 17

11) Die Lehnschaft an den Neckerodtischen Gütern, in der Weimarischen Hälfte des Fürstenthums Eisenach, jedoch mit Vorbehalt des ersten Heimfalls.

12) Die, dem Gothaischen Hause bisher gehörige halbe Reichs- und Kreistagsstimme des Fürstenthums Eisenach; so, daß das Fürstl. Haus Weimar, das bisher schon die andere Hälfte besaß, nunmehr die ganze Eisenachische Stimme allein zu führen hatte.

13) Die Hälfte des Altenburgischen halben Antheils an der Universität, dem Hofgericht, und dem Schöppenstuhl zu Jena, wodurch das Weimarische Haus, nun eine ganze Hälfte bekam.

---

*) Diese beiden Stücke, Remda und Apolda, hatten die Herzöge von Altenburg und Weimar im Jahr 1665 nachdem die Herrschaft Remda durch das zwei Jahre vorher erfolgte Absterben des letzten Grafen Hanß Ludwig zu Gleichen, das Vitzthumische Guth Apolda aber durch tödtlichen Hintritt Anton Friedrichs Vitzthum, als des letzten dieses Adel. Geschlechts, anheimgefallen, an die Universität Jena geschenkt.
Müllers Annal. S. 349. A. B. L. Schmidt von der Verfassung der Herzogl. Gesammt Akademie zu Jena. S. 78. fg. und 84.

Durch diesen Anfall wurde nun das Land der Weimarischen Linie sehr ansehnlich vermehrt, und dieser beträchtliche Länderzuwachs bewog die Weimarischen Herzoge, ihre
gesammten Lande nun unter sich erblich zu theilen.

Bey dieser, am 25ten July 1672 erfolgten Theilung, bey
welcher der Ertrag der Einkünfte zugleich mit in Anschlag
kam, erhielt Herzog Bernhard:

1) Das Residenz-Schloß, Amt und Stadt Jena nebst
Burgau und der Stadt Lobeda, zu 4071 Gülden 5 Gr. 6 Pf.

18 2) Das Amt Capellendorf mit 1717 Mfl. 11 Gr. 6 ½ Pf.

3) Das Amt und Stadt Ullstedt an 6500 Mfl. Einkünften.

4) Amt und Stadt Dornburg an 2602 Mfl.

5) Amt und Stadt Bürgel, nebst dem Vorwerke Kniebsdorf zu 1552 Gülden Ertrag.

6) Das Amt Heusdorf zu 2200 Gülden.

7) Die Voigteien Magdala inclusive des Teichs zu Buttstedt und der Stadt und Gebstedt, nebst der Stadt Buttstedt,
und zwar erstere mit 835 Mfl. 16 Gr. ½ Pf. und letztere zu
225 Mfl. 9 Gr. 2 ½ Pf. Einkünfte.

8) Ein Viertel an dem Obergeleitsamte zu Erfurt an 862
Gülden 4 Gr. 2 Pf. Ertrag.

9) Den halben Georgenthalerhof daselbst zu 230 Mfl.
4 ½ Pf.

10) Das Dorf Wiegendorf nebst dem dasigen Geleite.
Ersteres zu 10 fl. 4 Gr. 2 Pf. und das zweite zu 229 Gülden.

11) Das Vorwerk Döbritschen nebst dem Dorfe, ersteres
zu 231 Gülden 8 Gr. 11 Pf. und letzteres 32 Mfl. 7 Gr. 11 ½
Pf.

12) Das Döbritscher Gehölze und den Wehfang zu 1015
Gülden 4 Gr. 5 Pf.

13) Die halbe Saalflöße.

19 In Gemeinschaft blieben

1) Die beiden Reichsstimmen der Fürstenthümer Weimar
und Eisenach.

2) Die Anwartschaften und die Reichs- und Kreisbei-
träge.

3) Die Universität Jena nebst dem Hofgerichte und dem
Schöppenstuhl zu Jena.

4) Das Hennebergische Gymnasium zu Schleusingen.

5) Alle damaligen und künftigen Bergwerke.

6) Die Land-Tranksteuer, wie auch Fräulein- (Prinzessin)
und Extraordinaire Steuer.

7) Das Haus Wartburg nebst dem Zeughause.

8) Die Rüstkammer zu Weimar.

9) Die Flöße auf der Werra. *)

Zugleich wurde in einem besondern Anhange dieses Vergleichs die Landeshoheit, und die Obergerichtsbarkeit über
die Lehnlente, bis auf eine gewiße Zeit vertheilt. Jeder von
diesen drei Theilen bekam seine besondere Regierung; doch
sollte unter der Aufsicht des ältesten Bruders, eine Ge-
sammte Geheimerathsstube nebst einer dazu gehörigen
Kanzlei unterhalten werden, um sowohl die Reichs- und
Kreissachen, als die wichtigsten Angelegenheiten der in Gemeinschaft gebliebenen Theile und Gerechtsame des Fürstenthums Weimar zu besorgen. **)

Unter die ebengedachten Reichs- und Kreissachen, ge- <u>20</u>
hörten aber auch, die Beiträge an Geld und Mannschaft, die
das Weimarische Haus dem Reiche zu liefern hatte. Wegen
dieser wurde zwischen den beiden Häusern Weimar und Gotha ein besonderer Vertrag geschlossen, der die Theilung derselben festsetzte.

Die Römermonate des Ernestinischen Haußes betrugen
nach Abzug der 140 Gülden, die auf den vier assecurirten
Aemtern, Weyda, Arnshaugk, Sachsenburg, und Ziegenrück
hafteten: 772 Gülden an Gelde, 25 Mann zu Roß, und 78
Mann zu Fuß. Hiervon wurde nun auf die beiden Fürstenthümer, Weimar und Eisenach und die dazu gekommenen

---

*) Müllers Annal S. 502. fg.
**) Müller S. 502.

neuern Anfälle 1273 Gülden 30 Xr. 1 $^3/_{16}$ Pfennige an Geld, 9 Mann zu Roß und 41 $^1/_3$ Mann zu Fuß an Mannschaft gerechnet, und diese mittelst eines am 18ten Januar 1675 zu Stande gekommenen Vergleichs, den die drei Herzoge unter sich schlossen, folgendermaßen getheilt:

Weimar zahlte	91 Gulden	9 Xr.	1 $^3/_{16}$ Pf.
Eisenach -	98 "	14 "	- "
Jena -	84 "	9 "	- "

Und da man auf einen Reiter 12 und auf einen Fußgänger 4 Gulden rechnete, so konnte auch im nöthigen Falle die Mannschaft gar leicht darnach eingetheilt werden. *)

21 ʟDie Kaiserliche Belehnung über die beiden angefallenen Fürstenthümer Altenburg und Koburg, erfolgte am 24. Novbr. 1673 zu Wien, an, sowohl von Gotha als Weimarischer Seits dahin abgesendete Deputirte **)

Ich komme nun auf unsern Bernhard zurück.

Gleich nachdem die erste Vertheilung der, vom Herzog Wilhelm dem IVten hinterlassenen Lande, nach den Einkünften erfolgt war, verfehlte derselbe nicht die Abreise seiner Gemahlin von Paris, allwo er solche wie schon gedacht, bey der unerwarteten Nachricht von dem Tode seines Vaters zurückzulassen genöthigt war, zu beschleunigen.

Sie brach am 1ten Septbr. 1662 von ihrem Bruder, dem Prinzen von Tarente und dessen Gemahlin, so wie sonst von einem ansehnlichen Gefolge begleitet, von Paris auf, und traf mit ihrem Gemahl, der ihr bis Cassel entgegen gereist war, am 13. Novbr. zu Weimar ein.

An diesem Hofe verweilte sie bis zum 8ten Decbr., an welchem Tage beide ihre Residenz Jena bezogen.

Der Empfang des Herzogs und seiner Gemahlin war feierlich, so daß nicht nur die sämmtlichen Studierenden, sondern auch die Professoren, und übrigen Academischen Mitglieder, so wie die Bürgerschaft, ihnen entgegen zogen, und

---

*) Müller S. 512
*) Müller S. 509.

ihre Glückwünsche zu der anzutretenden Regierung an Tag
legten.

Neben der Einrichtung der Regierungs-Angelegenheiten
beschäftigte er sich zuvörderst besonders mit Ausbauung des
neuen Wilhelminer Schlosses, welches am nördlichen Stadtgraben liegt. *)

Schon in den ältesten Zeiten hat an derselben Stelle ein
Schloßgebäude gestanden; welches daraus erscheint, daß
nach dem Erbbuch des Amts Jena A.C. 1576 S. 395 der Stadtrath einen daselbst befindlichen Geschütz-Thurm an der
nordöstlichen Ecke der Stadtmauer, den Herzögen Friedrich
Wilhelm und Johannsen überlassen hat, dieser Thurm aber
vermuthlich zur Vertheidigung der Burg daselbst gedient hat;
und zuverlässig ist es, daß bereits 1446 Montags nach St. Viti
am 20. Juni Herzog Wilhelm der III oder tapfere sein Beilager
mit seiner ersten Gemahlin Anna, Kaiser Albrechts des II
Tochter auf diesem Schloße gehalten hat, dessen Lustbarkei-
ten aber durch die dem Herzog, durch seinen Bruder Churfürst Friedrich den II von Sachsen, geschehene Kriegserklä-
rung gestört wurden. **)

---

*) In diesem Schloß sind jetzt die beyden Großherzogl. Naturalien- und
Kunst-Cabinette aufgestellt.

**) Beyer drückt sich in seinem Architectus S. 219 folgendergestalt dar-
über aus:

„Uff diesen Beylager in Jena sein gewesen, die beyden Brüder und Marg-
grafen zu Brandenburg, Johannes und Albertus. Ein Landgraff zu Heßen,
der Erzbischoff zu Magdeburg, die beyden Bischöffe Petrus von Schlei-
nitz zu Naumburg und Boso II zu Merseburg mit 3000 Pferden. Aber des
andern Tages, da sie am fröhlichsten seyn, wird ihm von seinem Bruder
Churfürst Friedrichen II zu Sachsen der Krieg angekündiget, und sind die
Victualien und Speisen theils dem lieben Armuth gegeben, theils als ver-
dorbene in den Salstrom geschüttet worden,"
und bezieht derselbe sich auf Fabric. Lib. 7. Orig. saxon. fol: 708. 709.
Uebrigens ist diese Heyrath nicht wohl gelungen, indem der Herzog diese
Gemahlin verstosen, und zu Eckardtsberga in Verwahrung hat halten las-
sen. Welches ihm aber nachgehends sehr gereuet, und er dafür durch eine
Reise ins Gelobte-Land hat büßen wollen. Müller am angef. Ort. S. 25.

Dieser Herzog veränderte im Jahr 1471 vieles in diesem Schlosse.

Im Jahr 1620 ließ Herzog Johann Ernst den Theil desselben gegen Mitternacht ganz abbrechen, und an dessen Stelle ein neues Gebäude setzen, bald darauf aber 1659 ließ dessen Bruder sowohl den noch übrigen Theil des alten Wilhelminer Schlosses, als auch dieses neue Gebäude, und zwar das letztere wegen der schwachen Träger und Balken, von Grund aus niederreissen, und dafür das noch stehende massive bauen, welcher Bau so schnell gieng, daß er bereits zu Ende des Jahres 1660 so weit fertig war, daß die berühmte große eiserne Weigelische, *) drei und sechzig Schuhe hohe Himmelskugel **) im Jahr 1661 am 1sten Januar auf die Mitte des Dachs gesetzt werden konnte.

Herzog Bernhard bauete solches vollends aus, und zwar wurden die Alabasterartigen Steine zu den Treppen und Pfosten, unter dem abgebrochenen Schloß Greifberg am Hausberge über dem Saalstrom zwischen den Dörfern Camsdorf und Ziegenhayn gebrochen, und war der Baumeister Johann Moritz Richter aus Weimar. ***)

In der Folge, und zwar im Herbst 1668 ließ der Herzog in der Absicht, um aus dem neuen Wilhelminer Schloß einem freien Gang in das Johann Wilhelminen Schloß, welches linker Hand des Schloßhofs gegen Abend liegt, und dasjenige

---

*) Sie hatte deshalb diesen Namen, weil sie von dem damaligen Professor der Mathematik M Ehrhard Weigel zu Jena gefertigt worden war.

**) Sie bestand aus einer hohlen Kugel von Eisenblech, auf welcher die Sterne erster, zweiter und dritter Größe mit Sternförmigen Löchern bezeichnet waren. Im Durchmesser hielt sie über 18 Schuh, und war um ihre Axe beweglich, außerhalb aber war noch eine Sphaera armillaris angebracht, und an dem Thierkreis konnten die Planeten, nach ihrem jedesmaligen Stand gerichtet werden. Wegen ihrer Schwere wurde solche schon 1692 wieder herunter genommen M. Adrian Beyers Architectus Jenens. S. 225. J. E. Basilius Wiedeburg Beschreibung der Stadt Jena 1ter Theil S. 192 und 193.

***) Beyer am angef. Orte. S. 226.

ist, dessen ich vorne gedacht: zu haben, auf dem Platze wo ehedessen der Garten gestanden, ein neues Gebäude aufführen.

Desgleichen zog er 1663 den Schlegelischen medicinischen Garten vor der ehemaligen Schloßpforte, wieder zur _25 Hofhaltung, und ließ solchen auf eine andere Art einrichten, und in den besten Zustand versetzen. *)

Bey der im Jahr 1664 von neuem sich zeigenden Gefahr wegen eines Einbruchs der Türken, wo sogar unterm 3ten Juny 1664 vom Churfürst Johann dem II zu Sachsen deshalb, so wie wegen der von dem Niedersächsischen, dem Obersächsischen Kreise angebotenen, und von diesem wieder zu erwartenden reciprocirlichen Hülfe, eine Kreißversammlung zu Leipzig ausgeschrieben worden war: **) traf derselbe unterm 12. Sept. gedachten Jahres die Anordnung, daß die mit vielem Schutt gefüllten Stadtgraben, von der Schloßbrücke an, gegen das Saal- und Löbderthor, ausgestochen, und tiefer gemacht wurden. Zu welchem Zweck von denen Bürgern je fünf zu fünf, eine Ruthe ausgefahren wurde, bey welcher Gelegenheit auch die in dem Stadtgraben, besonders von der Schloßpforte an, welche an der Stelle war, wo jetzt die Dammbrücke nach der Zwätzengasse führt, bis zum Johannes und Löbderthore gestandnen hohen Erlen und Obstbäume, fast alle ausgerottet wurden. ***)

In eben dem Jahre ließ Herzog Bernhard eine Linden- _26 Allee auf dem Stadtgraben von der Schloßpforte bis an den keulichten Thurm welcher gegenwärtig noch nach der Seite nach der Paradiesgasse zusteht, anpflanzen. ****)

---

*) Herzog Wilhelm der IV hatte solchen im Jahr 1641 der Universität zum Botanischen Garten überlassen. Herzog Bernhard reklamirte solchen, und vergrößerte ihn durch verschiedne dazu gekaufte Grundstücke und einen Theil der Lehmgrube hinter dem Fürstenkeller. Beyer a. angef. Orte. S. 719.
**) Müllers Annalen p. 458.
***) Beyer a. a. O. pag. 27.
****) Beyer a. a. O. S. 136

Noch jetzt stehen mehrere von diesen Linden, und giebt deren Stärke ein ehrwürdiges Ansehen.

Auch sonst ließ er sich die Verbesserung und Vervollkommnung der Stadt, so wie seines Landes angelegen seyn.

So hat er im Jahr 1667 das, zwischen dem Fürstl. Schloße und Saalthor gegen Morgen gelegene, von dem vorgedachten Baumeister Moritz Richter 1664 ganz neu aufgebaute Haus, *) zur Fürstlichen Canzlei erkauft, und wohnte der jedesmalige Regierungs-Präsident mit darinnen.

Eben so ließ er 1668 ein Schießhaus **) und die, jetzt noch stehende Ziegelhütte hinter dem Fürstenkeller, erbauen, und verlieh in demselben Jahre, nach Ostern, dem Fürstenkeller die Freyheiten eines öffentlichen Kellers, woraus Bier und Wein gegen Geld verkauft werden darf. ***)

27

Dieser Fürstenkeller hat seinen Namen von Churfürst Johann Friedrich zu Sachsen, der ihn vom Jahr 1534 bis 1537 erbauet, und bey seiner Rückkehr aus seiner fünfjährigen Gefangenschaft, als er 1552 den 24ten September durch Jena kam, von der Universität und dem Stadtrathe daselbst auf eine feierliche Art, unter Läutung aller Glocken, und mit dem Gesange, Herr Gott dich loben wir, empfangen worden ist, und überreichte der Rath diesem ihrem wiederkehrenden Fürsten, zum Geschenke, ein Fuder Hafer, 13 Fuder Wein,

---

*) Beyer a. a. O. S. 152. und ist dieses das gegenwärtige Griesbachische Haus.

**) Beyer a. a. O. S. 227 sagt: dieses Schießhauses bedienten sich die Studenten zum Armbrust schießen. Jedoch wurde solches in der Folge wieder abgerissen.

***) Bis zu dem Jahre 1668 war er kein öffentlicher Keller, und drückt sich gedachter Beyer S. 315 darüber folgendergestalt aus: Unlängst und zwar A.C. 1668 nach Ostern ist auf diesen Keller aufkommen, die Freyheit Bier und Wein zu schencken, und zu verzapfen jedermann, auch Ehrentänze zu halten.

ein Fuder Bier und einen goldnen Becher von 80 Reichstha-
lern. *)

Eben so fieng er im Jahr 1670 in Herbst, das Ballhaus vor
der Schloß- jetzt Dammbrücke anzulegen an, und bauete solches im folgenden Jahre 1671 völlig aus, und wurden zu diesem Bau die Bausteine von dem gesprengten Erfurter Thore
genommen.

Dieses Thor lag vor dem Johannisthore gegen West und
Norden, am Eingang der Wagnergasse, auf der Landstraße
nach Weimar und Erfurt zu, wovon es auch seinen Namen
hatte.

Der Anfang zur Niederreißung dieses Thurms und Tho-
res wurde den 27sten März 1669 gemacht, und zwar dergestalt: daß er auf den Seiten gegen Mittag und Mitternacht
durchlöchert, auch die beiden in große lange Quadersteine
gehauenen Fürstl. Wappen, als: das Landgräflich Thüringi-
sche gegen Weimar und Erfurt, und das Marggräfliche Meiß-
nische gegen die Stadt Jena, Bürgel, und Eisenberg sehende,
herabgelassen, und in das Jenaische Schloß gebracht, sodann
verschiedene Minen in den durchlöcherten Seitenmauern am
23sten Juny gedachten Jahres des Morgens früh vor vier Uhr
angezündet wurden.

Weil aber nicht alle Minen ihre Wirkung zugleich thaten,
so wurden blos Anfangs viele Seitsteine zerspellt, und hin
und her geschleudert, aber die Thüren und das Thor selbst
hielten sich wohl noch eine Viertelstunde aufrecht, bis es sich

---

*) Beyer a. a. O. S. 310 schreibt davon so: der Fürstenkeller ist zu betrach-
ten, nach seinem Namen, welchen er hat vom Churfürst Johann Friedrich
zu Sachsen, der ihn nicht allein erbauet von A.C. 1534 bis 1637 *[Druckfeh-
ler es muss 1537 heißen statt 1637]*, sondern der auch nach seiner 5jährigen
Custodien und Wiederkunfft darauff ist empfangen worden. A.C. 1552
den 24. Septembris. Von wem? Von der Universität und vom Rathe.
Wie denn? Mit Läutung aller Glocken, mit Anzündung der Bechfässer
uff dem Holzig-Wölnitz-Ziegenhayn; Gönzig, Landgraffen, und andern
um Jena liegenden Bergen, und mit Absingung des Kirchengesangs, Herr
Gott dich loben wir.

35

allmählig senkte, und ohne alles dabei sich etwa zugetragene Unglück einfiel. *) Eben so hat er auch im Jahr 1673 im Herbst den, noch jetzt in der Stadt- oder St. Michaeliskirche stehenden Fürstenstuhl herrlich erneuern lassen. **)

Was des Herzogs Bernhard Regierungsgeschäfte anlangt, so kann man hierher folgende Einrichtungen zählen.

1) Errichtete er ein eignes Kirchen-Consistorium zu Jena, welches mit dem 30sten Aug. 1673 in seine Wirkung trat; ***) und bestand das damalige erste Personale desselben, in einem Präsidenten, welcher der Kanzler D. Johann Strauch war, und zwei Assessoren auf der weltlichen Seite, welche Bernhard Pflug in Posterstein, und D. Johann Schilter waren, so wie auf der geistlichen Seite, aus drei Räthen und Beisitzern, Namens D Sebastian Niemann Professor publicus und Superintendent, Andreas Wigand von Fulda, - ein bekehrter Jesuit von Erfurt, und Magister Johann Schlem, Hofprediger und Inspector zu Dornburg und Bürgel. ****)

2) Kam in demselben Jahre 1673 unterm 15ten Novbr. zwischen seinen beyden Brüdern, Johann Ernst zu Weimar und Johann Georg dem I zu Eisenach und ihm ein Receß wegen der Jagd-Vertheilung, Aufhebung der gesammten Kammer, und darüber, was ferner in Gemeinschaft zu behalten, zu Stande.

Neben diesen richtete er

3) nach erfolgter erblicher Landestheilung und angeordneter Regierung, unterm 6ten Juny 1675 eine Canzley und Kirchstuhlordnung auf, und

4) ließ er als Landesfürst, bey der Universität ein scharfes Mandat, wider die Studenten, welche sich zum größten Theil eigenmächtig unterfangen hatten, unter sich zu Bestrafung geringer Vergehen, ein Gericht zu errichten, und zu diesem

---

*) Beyer S. 67.
**) Beyer S. 507.
***) Dieses Consistorium ist auf höchsten Befehl wieder aufgehoben.
****) Beyer l. c. p. 645.

Ende sich in vier Landesmannschaften zu bilden, gewisse Senioren, so wie Nationalfiscalen zu ernennen: - ergehen, worin die Studierenden ermahnt und befehligt wurden, von diesem unbesonnenen Beginnen sogleich abzustehen, auch die zur Unterscheidung der bestellten vier Nationen, tragende ausgezeichnete Kleidung wieder abzuschaffen, wie nicht weniger die gefertigten Matriculsbücher, sogleich dem Rector einzuhändigen. Welcher Befehl in der Kirche öffentlich abgelesen und darauf angeschlagen wurde. *)

5) Confirmirte er unterm 30ten November 1675 auf Ansuchen des Amtes, und Raths zu Bürgel, die von beyden aufgesetzten Artickel, wie es bey Verlöbnissen, Hochzeiten, Kindtaufen, Kirchgängen, Pathenholen, Begräbnissen und andern Gastereyen gehalten werden soll, **) so wie er auch schon früher 1673 den 15ten Septbr. gedachter Bürgerschaft auf ihr Ansuchen, gestattet hatte, daß die dasigen Jahrmärkte des Sonntags nach gänzlich beendigtem Gottesdienst, und ohne Abbruch und Entheiligung des Sabbaths wieder angefangen, und gehalten würden. ***) Auch ließ er

---

*) Müller in Annalen drückt sich darüber folgendergestalt aus: 1675 am 22. July hat Herzog Bernhardt zu Sachsen Jehna als Landes-Fürst bey der Universität, wider die von einer großen Anzahl Studenten unter sich zuvermeynter cognoscir- und Bestrafung der andern geringen Verbrechen ohne Bemühung des Senatus academici, aufgerichtete vier unterschiedene Nationes und denominirte gewisse Seniores auch zugleich angeordnete National-Fiscos, ein scharfes Mandat fertigen, und in Druck geben, auch in den Kirchen von der Cantzel ablesen, und darauf öffentlich anschlagen lassen, Krafft dessen der Rector und Senatus academicus denen hierunter interessirten Studiosis nochmals beweglich zureden, und sie von neuen mit allen Ernst vermahnen solle, von diesen unbesonnenen, und am Ende wider ihre geleistete Pflicht lauffenden Beginnen, alsobald abzustehen, auch die zu Unterscheidung der vier vermeynten Nationen, und gleichsam zum Beweiß allbereit angebundene Livréen in continenti wiederum abzuschaffen, wie nicht weniger die verfertigten Matriculs Bücher dem Rectori unverlängt einzuhändigen.
Sächsische Merkwürdigkeiten S. 613.
**) Müller Annal. S. 522. 523.
***) Müller a. a. O. S. 509.

7) *[muss 6) heißen]* eine Verordnung in Druck ergehen (den 14ten März 1676) daß niemand Geschencke zum heiligen Christ, Neujahr, grünen Donnerstag, oder sonst etwas an Geld oder Geldeswerth bey den Pathen einholen, und annehmen, oder gegeben werden solle, bey Vermeidung 1. 2. 3. und mehr, bis 10 Thaler Strafe nach Beschaffenheit eines jeden Vermögens. *)

Die Regierungsgeschäfte und Betreibung der Wissenschaften, machten seine Hauptbeschäftigung aus. Denn, was die ersten anlangt, so ließ er sich nicht nur von allen Gegenständen genau unterrichten, sondern wohnte auch größtentheils allen Regierungssessionen persönlich bey, unterzeichnete eigenhändig die erlassenen Rescripte und Verfügungen, und gestattete jedem seiner Unterthanen Zutritt; (und so war es recht!)

Daß Bernhard aber auch die Wissenschaften liebte, und fleißig studierte, dies beweißt die von ihm gesammelte und hinterlassene vortrefliche Bibliotheck, welche nachmals nach Absterben der jenaischen Linie zur Herzogl. Weimarischen den Grund legte.

Mit seiner Gemahlin Maria von Tremouille lebte er in den letzten Jahren in keinem guten Verständniß, und war sogar Willens sich von derselben scheiden zu lassen.

Die Ursachen davon waren, eine irrige Meynung des Herzogs von Untreue seiner Gemahlin gegen ihn, und von Seiten der Herzogin ein von ihrem Gemahl angesponnenes Liebesverständniß mit einer Hoffräulein von Kospot.

Der Herzog forderte der theologischen und juristischen Facultät ein Gutachten über seine vorhabende Scheidung ab; Allein, dieses fiel dahin aus: daß er sich nicht mit gutem Gewissen scheiden lassen könne, sondern vielmehr die Kospot zu entfernen habe. Allein derselbe kehrte sich daran keineswegs, sondern behielt die Tremouille, und entfernte auch die Kospot nicht. Jedoch wurde die Einigkeit zwischen beyden

---

*) Müller a. a. O. S. 523.

Ehegatten durch die am 28. März 1675 erfolgte Geburt des Prinzen Johann Wilhelm, *) welchen Bernhard für seinen Prinzen erkannte, und dem zu Folge alle die Beschuldigungen wegfielen die er seiner Gemahlin gemacht hatte, wieder hergestellt. Emilie von Kospot, eine Tochter Georg Ernsts von Kospot, Herrn auf Torgelow Klagedorf, und Donnerwalde in der Mark Brandenburg, war an des Herzogs Hof gekommen und bey der Tremouille Hoffräulein geworden. Sie war sehr schön, gut erzogen, tugendhaft und religiös.

Der Herzog verliebte sich in sie, fand aber wegen ihren liebenswerthen Eigenschaften, kein Gehör; und nur dadurch, daß er sie in ihrem Gemach einst überfiel, brachte er sie zu seinem Willen.

Er mußte ihr zwar ein Zeugniß dahin ausstellen: „daß er ___34 ihr vielmals angelegen, aber in Güte nichts habe erlangen können:" Allein die Anverwandten waren damit keineswegs zufrieden, sondern drangen vielmehr auf die Vermählung und dem zu Folge ließ er sich 1673 von dem Consistorial-Beisitzer Andreas Wiegand, im Beiseyn von drei Zeugen mit derselben copuliren, - welche Heurath jedoch nie öffentlich bekannt wurde: - und gab ihr den Namen Madame von Allstädt, unter Anweisung ihres Wohnsitzes zu Capellendorf.

Vier Wochen nach der erfolgten Copulation, kam selbige mit einer Tochter nieder, welche in der Taufe den Namen Emilie Eleonore bekam, und nunmehro stellte ihr der Herzog einen Revers dahin aus: daß sie auf dem Schloß Dornburg wohnen, ein Kapital von 70000 Thaler bekommen, und tausend Thaler jährlich davon beziehen, jedoch sich nichts von ihrem Umgang mit ihm merken, und besonders den König von Dänemark und andere Fürsten des Reichs etwas davon nicht erfahren lassen solle.

---

*) Müller in Annal. S. 513.

In der Folge, 1678, ließ er sie unter dem Namen einer Gräfin von Allstädt in Grafenstand erheben. *)

Die Tochter dieser Kospot wurde in der Folge an einen gewissen Otto Wilhelm von Tümpling, Königl. Pohlnischen Kammerherrn, und gewesenen Hofmarschal zu Merseburg verheyrathet, und aus dieser Ehe zwei Söhne, Friedrich Wilhelm, und Christian Lebrecht **) erzeugt.

Nach dem Tode des Herzogs Bernhard forderte die Kospot das ihr verschriebene Kapital der 70000 Thaler; Allein sie erhielt nichts! – Ihr Aufenthalt war nachher zu Niederröblingen, wo sie auch 1716 gestorben ist.

Unterm 18ten März 1678 errichtete Herzog Bernhard ein Testament, und verordnete darin unter andern, daß, wenn zur Zeit seines Absterbens, sein Prinz Johann Wilhelm, noch unmündig oder minderjährig seyn sollte, sodann dessen Frau Mutter, dessen wie auch der Prinzessin Charlotte Marie Vormünderin, so viel nemlich die Auferziehung Pflegung und Wartung derselben, wie auch den dazu gehörigen Hof- und Haushalt belange, seyn solle; jedoch in der Mase, daß sie in Ansehung der Religion den Ehepacten nachlebe, und die Fürstl. Kinder in keiner andern, als der christlichen Religion Augspurgischer Confession auferziehe.

In Ansehung der Regierungs-, Landes-, Consistorial- und Kammersachen aber, verordnete er seinen ältern Bruder,

---

*) Das Diplom davon, so wie die Pacta des Herzogs Bernhard und der von Kospot befinden sich in Lünigs Reichsarchiv. P. sp. II Cont: IV. Abth. II. Abs. 594.

Aug. Benjamin Michaelis Nachrichten von Herzog Bernhards von Sachsen Jena Zwistigkeiten mit seiner Gemahlin, und dessen Verbindung mit der Fräulein von Kospot, (in Oetters Sammlung verschiedener Nachrichten, im anden Bande. S. 72 fg.)

Uebrigens geschah die Erhebung der Kospot in den Grafenstand, nicht, wie von Galfey, in seinem Kern der Sächß. Geschichte S. 280 irrig angegeben ist, nach Bernhards Gemahlin Tode, indem diese ihren Gemahl vier Jahre überlebte.

**) Sächß. Merkwürdigkeiten L. III. P. II. Class: I. IIte Abth. Art: VI. C. I. not: i.

Herzog Johann Ernst zu Weimar, als Mitvormund, und Administrator. *)

Einige Monate nach Errichtung dieses Testaments, erkrankte der Herzog an einem hitzigen Fieber, und aller ärztlichen Bemühungen ohngeachtet, verstarb er am 3ten May 1678 in seinen besten Jahren, in einem Alter von 40 Jahren zwei Monaten, einer Woche, drei Tagen und sechs und einer halben Stunde.

Des andern Tags wurde dessen hinterlassenes Testament, in Gegenwart des Bevollmächtigten des Fürstl. Vormunds, Herzog Johann Ernst zu Weimar, des Vice-Canzlers Volkmer Hoppe, und des Hofmeisters der Fürstl. Frau Wittwe, Georg Friedrich Opel, wie nicht weniger, Zacharias Prüschenkens, Bernhards Pflug, und D. Johann Schilters, respective Gesammten Geheimen-Raths, Regierungs-Präsidenten und Hofräthen zu Jena, in Fürstlicher Regierung publicirt, und geschah die Ablesung desselben durch den dasigen Kammer-Sekretair, Adam Dressen. **)

Nach dieser geschehenen Testamentseröffnung, wurden zwischen dem Fürstl. Vormunde, und der Frau Wittwe, durch beiderseitige Deputirte darüber Verhandlungen gepflogen: wie es sowohl wegen des verordneten Leibgedings und Witthums, als auch der Fürstl. Auferziehung der beyden hinterbliebenen Fürstl. unmündigen Kinder, Johann Wilhelm, und der Prinzessin Charlotte Marie, gehalten werden solle, und kam am 30ten May 1678 folgende Uebereinkunft zu Stande. ***)

1) daß es bey den am 9ten Juny 1662 aufgerichteten E h e - p a c t e n, so wie bey der darauf am 2ten Aug. 1670 erfolgten L e i b g e d i n g s v e r s c h r e i b u n g und dem am 18. März 1678

---

*) Ich füge dieses Testament, so wie es im Original lautet, seinem ganzen Inhalt nach unter Nr. 1. bey.

**) Müller in Annal. S. 528.

***) Ich habe den desfalls aufgerichteten, bis jetzt noch ungedruckten Rezeß in der Beilage unter Nr. 2 beigefügt.

datirten und dem 3. May desselben Jahres publicirten Fürstväterlichen Testament, ausser in den Punkten worüber man
sich in diesem Rezeß aus beweglichen Ursachen, eines andern
verglichen, ungeändert verbleiben soll.

2) Damit die Fürstl. Vormundschaft von den Kräften der
Erbschaft in Kenntniß gesetzt werde, nicht nur ein Hauptin-
ventarium über alles, was in die Fürstl. Jenaische Portion gehörig, und der Herzog hinterlassen, durch gewisse hierzu besonders vereydete Personen, ungesäumt ins Werk gerichtet,
sondern auch aus demselben ein richtiges Witthums-Inven-
tarium, über das vorhandne Hausgeräthe und Mobilien extra-
hirt, in Duplo gefertigt und unterschrieben werde.

3) Daß die Fürstl. Frau Wittwe die, ihr verschriebenen
3400 Thaler Leibgedings und Morgengabsgelder, dann 1400
Thaler zur Verbesserung, und also zusammen 4800 Thaler
jährlich, auf die vier Quartale, aus der Fürstl. Rent-Kammer,
so lange der junge Prinz beym Leben bleibe, theils an Gelde,
theils an Victualien und Fourage, nach dem verglichenen Tax
und Verzeichniß *) ohnfehlbar gegen gebührende Quittung

---

*) Nach diesen Verzeichniß, welches vom 30. May 1678 datirt, und von
Wilh. Hoppel. D. Georg Adam Struve, D. Georg Friedrich von Opel unterschrieben ist, und von welchen eine glaubhafte Abschrift mir zugekommen, bestanden die Victualien in folgenden

36 Sch.	Waizen	z.	1 Rl.	11 Gr.		32 Rl.	12 Gr.	
180 -	Korn	"	1 "	6 "		225 "	- "	
200 -	Gerste	"	1 "	- "		200 "	- "	
45 -	Hopfen	"	- "	5 "		9 "	9 "	
500 -	Hafer	"	- "	12 "		250 "	- "	
20 Sch.	Stroh	"	- "	21 "		17 "	12 "	
41 St.	Gänse	"	- "	2 "		3 "	10 "	
500 -	Hühner	"	- "	1 "		20 "	20 "	
500 -	Hähne	"	- "	1 "	8 Pf.	13 "	21 "	4 Pf.
30 Schk.	Eyer	"	- "	2 "		2 "	12 "	
12 St	Unschlitt	"	- "	21 "		10 "	12 "	
1 -	Wachs à Pfd.		- "	3 "		2 "	15 "	
120 Trifft	Hammel		- "	21 "		105 "	- "	
						893 Rl.	3 Gr.	4 Pf.

weiter auf nächster Seite

geliefert auch zum Anfang der Witthumshofhaltung, sofort nach der Beisetzung des verblichenen Herzogs, ein Quartal an Victualien und Fourage gereicht werden und deswegen an die Dienerschaft der Kammer, welche deshalb der Frau Wittwe Handschlag zu leisten, Verordnung ergehen solle.

4) Der Fürstl. Frau Wittwe die Nothdurft an Brenn- Back- Wasch- und Bauholz von der Flöße, und angelegenem Forst, ohne Entgeld gefolget, angewiesen, und für Dero Hofstadt von deren Unterthanen hereingeführet werden solle.

5) Daß an Wildpret zum Witthumsdeputat, jährlich sieben Hirsche, acht Thiere, fünf starke Sauen, fünf Frischlinge, zwanzig Rehe, achtzig Haasen, vierzig Rebhühner, vier und zwanzig Schock Vögel und Lerchen, nach und nach auf Begehren, alles ohne Pirschgeld und Jägerrecht, oder andere Unkosten geliefert, und angeführt werde. 40

6) daß der verwittweten Frau Herzogin der Gebrauch des Jenaischen und Burgauischen Lust- und Küchgartens so an der Schäferey gelegen, so wie

7) die Frohnen zur Anfuhre des Bauholzes, wie auch des Heues und Grummets von den eingeräumten Amtswiesen und Abholung der Früchte zum Hofstaat, so wie die Handfrohnen zum Holzlegen, Scheuern in Gemächern und Küchen, den Hof zu reinigen, ingleichen der Gartenarbeit, Heu,

---

NB. und soll das Getreide vom Wuchse Dornburgk und Heusdorf geliefert werden.

An Wein

110 Eymer Wein a 1 Rl.   110 Rl.

NB. Der Wein soll vom hiesigen Wuchse.

An Heu

Die hiesigen Wiesen, so zum Fürstl. Amte, allhier gehörigen, namentlich:

2 Acker über der Schneidemühle.

8 - zu Löbstedt.

6 - zu Großlöbichau.

16 Acker a 3 Gülden   42 Rl. - Gr. - Pf.

Sumarum   1045 - 3 - 4 -

Grummetmachen, gegen Reichung Bier und Brodes, zu gebrauchen verwilliget werde.

8) Daß die Fürstl. Frau Wittwe die Zusicherung erhielt, für die von ihr begehrten sieben Pferde, Wagen und Geschirr, Ausgang eines Jahres 1200 Thaler aus der Vormundschafts-Kammer, ausgezahlt zu bekommen.

9) Daß derselben sowohl zum Unterhalt des jungen Prinzen und der Prinzessin, als deren Bedienten, die ersten drei Jahre, jährlich tausend Thaler, zu Kost und Handgeldern, Kleidung, und allen andern benöthigten Ausgaben, aus der Fürstl. Kammer, auf die vier Quartale geliefert, nach Verlauf dieser drei Jahre aber ein anderweiter Vergleich getroffen werden solle.

10) Daß die Frau Wittwe sich verpflichte, ihrem Erbieten gemäß, die Fürstl. Kinder nach Anleitung der Leibgedingsverschreibung Fürstväterlichen Testaments, und von sich gestellten Rückscheins, in keiner andern als der christlichen Religion Augsburgischer Confession zu erziehen, so wie

11) dem Herrn Vormund, in ihrer Witthums Residenz jedesmal bey dessen Hierseyn, bey seinem Abtritt die benöthigten Gemächer zu vergönnen.

12) Daß auch zum bessern Nutzen der erkauften Zeitzischen Jagden die Frau Wittwe Dero eigenthümliche zum Guth Porstendorf gehörigen hohe und Niederjagden, der hohen Vormundschaft, auf sechs Jahre gegen Ablieferung eines Hirsches, drei Thiere, vier Rehe und zwanzig Haasen, statt Pachtzinses, überlassen, und

13) die Wache vorm Schlosse, beständig erhalten werden solle.

Am 20ten Junius 1678 Nachts wurde der erblaßte Körper des Herzogs seiner testamentarischen Anordnung gemäß, ohne alle überflüssige Kosten, jedoch auf eine feierlich Art nachdem er zwei Wochen in dem großen Saale des Fürstlichen Schlosses, auf einem prächtigen Paradebette

ausgestanden, in der Stadtkirche in das von ihm selbst ange- 42
legte Begräbniß *) beigesetzt. **)

Was das Aeussere des Herzogs anlangt, so war er wirklich schön, jedoch sehr stark von Körper, und fast immer kränklich.

Mit seiner Gemahlin hat er folgende Kinder erzeugt.

1) Wilhelm, gebohren den 24ten July 1664; starb wieder den 24ten Junius 1666.

2) Eine Prinzessin, todtgebohren den 7ten April 1666.

3) Bernhard, gebohren den 9ten Novbr. 1667, starb den 26ten April 1668 seines Alters sechs Monate. ***)

4) Charlotte Marie, gebohren den 20. Decbr. 1669, 43 welche an Herzog Wilhelm Ernst zu Sachsen-Weimar den 1. Novbr. 1683, also in ihrem vierzehnten Jahre vermählt und am 23ten August 1690 wieder geschieden wurde. Von welcher weiter unten gehandelt werden wird.

Der zuletzt Gebohrne war

5) Johann Wilhelm, gebohren den 28. März 1675. starb den 4. Novbr. 1690.

Die auf das Begräbniß der Herzogs geprägte Münze, ist folgende.

---

*) Dieses Begräbniß ist ein Kreuzgewölbe unter der Erde, beym Altar an der Mitternachtsseite, und sind in solchem, gedachter Herzog Bernhard, nebst seiner Gemahlin und einzigen sechszehnjährigen Prinzen, Johann Wilhelm, so wie eine 1668 am 26ten April verstorbene Prinzessin von sechs Monaten in zinnernen Särgen, mit daran befindlichen Fürstl. Titeln, und vielen biblischen Sprüchen, beigesetzt. Auch befindet sich an der Wand der Kirche über diesem Begräbniß, über dem in Lebensgröße in Metall getriebenen, und mit lateinischen Umschriften versehenen merkwürdigen Bildniß D. Martin Luthers, welches Herzog Johann Wilhelm von Weimar, der mittelste Sohn des in der Schlacht bey Mühlberg 1547 gefangenen Churfürsten Johann Friedrichs, im Jahr 1572 im August hier hat aufstellen lassen, - ein Epitaphium.

**) Müller in Annal. S. 529.

***) Diese drei Kinder, welche vor Erbauung der vorerwähnten Fürstl. Gruft verstorben, wurden zu Weimar in der Stadtkirche beigesetzt.

Auf der einen Seite befindet sich dessen Brustbild nebst der Aufschrift: Bernhard II. D. S. J. Cl. M. Lan. Th. Mar. Mis. Gr. Hen. Auf der andern Seite steht: Natus ad diem XXI Febr. Ao. MDCXXXIIX Vinariae. Denatus ad diem III Maj: Ao. MDCLXXIIX Jenae, ibidemque sepultus XX Junii.

Die kleinen Münzen haben nur auf einer Seite das Sächsische Wappen, Namen und Titel, auf der andern den Tag der Geburt, des Todes und Begräbnisses.

Im Jahr 1673 ließ der Herzog auf seinen Geburtstag eine Medaille prägen, welche in Gold 15 Dukaten wiegt. Auf der einen Seite hat sie ein vor Anker liegendes Schiff, auf welches die Winde aus einem Feuerspeyenden Berge blasen, mit der Umschrift:

Anchora jacta Manet. Dum. Temperet Aeolus Auras. Welches auf deutsch heißt: „Der Anker bleibt liegen, bis sich der Wind bessert,"

Die andere Seite besteht aus folgender lateinischer Inscription: Seremissimi principis Ao Domini Bernhardi Ducis Saxoniae, Juliaci, Cliviae et Montium, Natalibus Auspicatissimis Trigesimis Quintis, Ad Diem XXI Febr. MDCLXXIII. und lautet verdeutscht: „Zu des Durchlauchtigsten Fürsten und Herrn, Herrn Bernhard, Herzogs zu Sachsen, Jülich, Cleve und Berg, glückseligstem fünf und dreißigsten Geburtstage, den 21. Febr. 1673."

In eben diesen Jahren ließ der Herzog auch Thaler und geringere Sorten prägen, und weil die Thaler auch in Gold gefunden werden, so läßt sich vermuthen, daß dieselben bey der Kaiserlichen Lehns-Empfängiß, da am 24. Novbr. 1673 beyde Häuser Gotha und Weimar, mit den Fürstenthümern Altenburg und Coburg beliehen worden, geprägt sind.

Sie haben auf einer Seite des Herzogs Brustbild und Titel, auf der andern aber, das Wappen und den Wahlspruch: „Unter Gottes Führung, und des Glücks Begleitung." *)

_____

*) Tentzel im Ernestinischen Medaillen-Cabinet, S. 706. 707.

Durch das Absterben des Herzogs Bernhard, kamen dessen Lande auf seinen einzigen noch unmündigen Sohn

Johann Wilhelm.

Dieser Prinz, welcher, wie schon gedacht, den 28ten März 1675 gebohren war, befand sich bey dem Absterben seines Vaters in einem Alter von drei Jahren, und einigen Wochen, war von Natur schwächlich *) und bedurfte daher der sorgfältigsten Pflege, deren er auch unter der Aufsicht der, ihn so innig liebenden Mutter, theilhaftig wurde.

Da mit Trinitatis 1681 der vorangeführte, am 30sten May 1678 zwischen dem Fürstl. Obervormund Herzog Johann Ernst, und der verwittweten Herzogin, sowohl wegen deren Witthum, als Erzieh- und Verpflegung der unmündigen Fürstl. Kinder, getroffene Vergleich zu Ende gieng: So ließ die verwittwete Herzogin mittelst eines, unterm 21. Februar 1681 bey dem Obervormund überreichten Memorials, vorstellig machen: wie das bisherige Tractament, keineswegs mehr ausreichend sey, da der Prinz so wie die Prinzessin, zu solchen Jahren gelangt wären, daß zu ihrer Aufwartung mehrere Dienerschaft als bishero, erfordert würde, auch die öftern Einsprüche und Durchreisen fremder Herrschaften, welche wegen der Passage an der Gränze, nicht abzuwenden wären, einen bedeutenden, die Leibrenthen ziemlich erschöpfenden Aufwand mit sich brächten; dazu aber, sie bereits aus eignem Vermögen nicht wenig habe zusetzen müssen; und in Erwägung dessen sie nicht Unbilliges zu verlangen glaube, wenn sie antrage: vorgemeldete Leibgedingsgelder mit 1500 Thaler zu erhöhen. Obschon von Seiten des Fürstl. Vormunds zwar dagegen erwiedert wurde, daß die Vormundschaftliche Kammer sich in einem erschöpften Zustand befinde, und von den Creditoren, deren immer mehrere aufwachten, ohngeachtet sie sich in vielen Jahren nicht gemeldet, in solche gedrungen werde: auch in Erwägung zu

---

*) Heinrichs S. Geschichte 2ter Theil. S. 205.

nehmen sey, daß die Victualien und Früchte um einen sehr
billigen Preis angeschlagen worden, so kam doch unterm
17ten May 1681 ein anderweiter Vergleich auf drei Jahre, als
von Trinitatis 1681 bis wieder Trinitatis 1684 dahin zu
Stande: daß

1) die, in dem vorberegten Witthums Rezeß der Fürstl.
Wittwe verschriebenen 4800 Rl. Leibgedingsgelder mit 700
Thaler jährlich erhöhet, mithin jedes Jahr 5500 Thaler verab-
folgt werden sollten.

2) Daß der Fürstl. Wittwe zu des Prinzen, und der Prinzessin Kleidung, Hand- Hochzeit- und Pathen-Geldern, wie
auch an Kostgeld für die Bedienten, jährlich 2200 Thaler, in
den vier Quartalen, theils an Geld, theils an Victualien und
Fourage nach dem verglichenen Tax und dem vorberegten
Verzeichniß, gereicht und ausgezahlt werden sollten. Diese
verwilligten zweitausend ‚zweihundert Thaler, wurden nach
einer mir im Original zuhanden gekommenen Specification
folgendergestalt verwendet.

300	Thlr.	für	den Fürstl. Prinzen,
500	-	"	die Fürstl. Prinzessin zu Klei- dung- Hand- Pathen- und Hoch- zeitgeldern,
400	Thlr.	Kost für beyde,	
200	Thlr.	für	die beyden Adel. Jungfern,
60	-	"	das Kammermädchen,
60	-	"	den Informator,
120	-	"	die beyden Pagen,
60	-	"	den Kammerdiener,
60	-	"	den Trompeter,
60	-	"	die Wartfrau,
100	-	"	die beyden Laqueyen,
50	-	"	die beyden Mägde,
200	-	"	drei Kutscher und den Leibknecht.
2200	Thlr.	Summa.	

47

Bis in sein fünftes Jahr wurde der junge Herzog zu Jena unter mütterlicher Aufsicht erzogen; Allein zu dieser Zeit, und zwar am 24. August 1682 traf ihn das traurige Schicksal, daß ihm auch diese durch den Tod entrissen wurde.

Drei Jahre vorher, 1679 am 16 Aug. hatte sie ein Testament errichtet und darin ihre beyden Fürstl. Kinder zu Universal-Erben instituirt; dergestalt, daß der junge Herzog zu seinem Theil 16000 Thaler, so sie am Fürstenthum Jena zu fordern habe, ingleichen das, von ihren Parophernalgeldern erbauete Ballhaus, und das Silbergeschirr, so in der dem Testament angehängten Designation angegeben, so wie ihre eignen Tapeten in Fürstl. Schloß haben solle.

Das Guth Porstendorf, als welches ebenfalls von ihr acquirirt worden, so wie alles übrige aber, an Silber, baarem Gelde, Capitalien und alle andern Mobilien, der Prinzessin Charlotte Marie erblich seyn und bleiben solle. Jedoch wenn sich begebe, daß des Herzog Johann Wilhelm ohne Leibeserben versterben würde, die Ihm assignirte Portion, auf die Prinzessin verfallen soll; und, wenn auch diese ohne Leibeserben versterben würde, sodann den beyden Fürstl. Häusern, Weimar und Eisenach, alle specificirten Stücke zum Andenken verbleiben sollten.

Ausserdem hatte sie noch mehrere Legate geordnet, und besonders ihrer sämmtlichen Dienerschaft ein Gewisses an Gelde, und, 450 Reichsthaler dazu ausgesetzt, daß solche am Tage ihrer Beerdigung unter die zu dieser Zeit auf der Universität Jena befindlichen, und sowohl Evangelisch-Lutherischer, als auch Reformirter Religion zugethanen Studentenen, so wie unter die Haus-Armen, unter Aufsicht des Fürstl. Consistoriums so wie des Academischen Senats, vertheilt werden sollten, und zwar dergestalt, daß den Studenten der Lutherischen Religion 150 Reichsthaler, denen der Reformirten Religion, ebenfalls 150 Reichsthaler, und 150 Thaler den Haus-Armen zukommen. *)

---

*) Müller in Annal. S. 531.

Dieser, so wie allen ihren übrigen Verfügungen wurde auch treulich nachgegangen, und ihre Beisetzung erfolgte auf eine solenne Art in das Fürstl. Begräbniß in der Stadtkirche, an die Seite ihres, vier Jahre ihr vorausgegangenen Gemahls.

Die Herzogin war gebohren am 26sten Januar 1632, der reformirten Religion zugethan, und starb in einem Alter von funfzig Jahren, sieben Monaten. *) Sie war eine vortreffliche, fromme und allgemein geliebte Fürstin, eine sorgsame treue Mutter, ohne Stolz, und eine wahre Wohlthäterin der Dürftigen und Bedrängten, wie sie auch auf der im Namen Herzog Johann Ernsts zu Sachsen-Weimar, als Vormund des Fürstl. Prinzen geprägten Begräbniß-Münze genennet wird. Auf solcher steht der Herzogin Brustbild, mit der Umschrift:

Maria D. S. J. C. et M. Nat. p. Tremoll. Mort. D. XXIV. Aug. vix. Ann. L. Mens. VII.

Die andere Seite weiset ein Grabmahl, welches ihr der Herzog Johann Ernst zu Weimar aufgerichtet hat, mit der Umschrift:

50

Jo. Ernestus Dux Saxoniae Juliaci Cliviae et Montium Dulcissimi fratris Viduae Principi Piissimae, Tutorio Nomine Fieri Fecit.

In der Uebersetzung diese Umschrift dergestalt:

Johann Ernst Herzog zu Sachsen, Jülich, Cleve und Berg, hat dieses seines liebsten Bruders Wittwe, der vortreflichen und frommen Fürstin, als Vormund machen lassen.

Die kleinern Münzen auf diesen Todesfall, halten auf einer Seite ein gekröntes M, auf der andern aber die Schrift, welche die größern um das Brustbild zeigen. **)

Der Vormund des jungen Herzogs Johann Ernst sorgte sogleich nach dem Absterben der Herzogin dafür, daß die Fürstl. Kinder mit Beibehalt der bestellten Hofhaltung die Standesmäsige Erziehung genossen. Allein schon ein Jahr neun Monate nach dem tödlichen Hintritt der Herzogin, starb auch dieser Vormund (1683 den 25sten May) im 56sten

---

*) Müllers Annalen S. 545.
**) Tentzel Ernest. Med.-Cabinet. S. 710. Müller l. c. S. 545.

Jahre seines Alters, nach einem langwierigen schmerzhaften Krankenlager. *)

Durch den Tod dieses Fürsten kam nun der junge Herzog unter die Vormundschaft Herzogs Johann Georg von Sachsen-Eisenach, als damaliger Aeltester in dem Herzogl. Gesammthause Ernestinischer Linie.

Dieser Fürst nahm den Prinzen nach Eisenach an seinen Hof, und ließ ihn daselbst in allen Wissenschaften, welche dessen hoher Stand erforderte, unterrichten. 51

Von denjenigen Befehlen, welche dieser Vormund erlassen hat, will ich nur gedenken:

1) Der Taxordnung, nach welcher sich die Beamten, Gerichtsherrn, deren Verwalter, wie auch die Stadträthe achten sollen; vom 18ten April 1684.

2) derjenigen Verordnung, welche unterm 28sten Januar 1685 wegen des Punkts, wie es künftig bey der Stadt Jena, mit den Hausarmen und Bettlern, wie auch fremden ankommenden Nothleidenden und Dürftigen wegen des Allmosens gehalten werden soll.

3) Des Mandats vom 12ten September 1686 zu Anstellung eines Lob- und Dankfestes wegen der, am 23sten Aug. 1686 stattgehabten Wiedereroberung der, von den Türken besessenen Festung Ofen in Ungarn, welche vor 145 Jahren an demselben Tage, betrüglicherweise an die Türken gekommen war. **)

Plötzlich starb auch dieser Vormund am 19. September 1686, an einem heftigen Schlag- und Steckfluß, in einem Alter von 52 Jahren und 2 Monaten, auf der sogenannten Wildscheuer, einem Jagdhause unweit der alten Prunft-Aue bey Eisenach. ***) 52

Durch diesen Todesfall kam die Vormundschaft über den jungen Herzog Johann Wilhelm, an den Herzog Wilhelm

---

*) Müller l. c. p. 547.
**) Müller in Annal. S. 556.
***) Müller l. c. S. 556.

Ernst von Weimar als ältesten Agnaten.

Derselbe unterzog sich sogleich der Regierungsgeschäfte, und ob schon zwischen ihm, und dem Nachfolger in der Fürstl. Eisenachischen Regierung, dem Herzog Johann Georg dem Jüngern, sich deswegen Irrungen ereigneten, indem dieser, als in gleichem Grad der Verwandschaft stehender Lehnsfolger, die Mitverwaltung sothaner Vormundschaft prätendirte, und sich besonders darauf stützte; weil vermöge zwischen beiderseits Fürstlichen Theilen, früher getroffener Vergleiche, die Eisenachische Linie einen weit stärkern Anspruch auf die Succession bey der Jenaischen Landesportion, als die Weimarische Linie habe: *) so behauptete sich doch Herzog Wilhelm Ernst bey seinem Recht, und ließ am 21. Sept. gedachten Jahres, als Vormund, von den Fürstl. Jenaischen Collegien, so wie von der Universität, der Geistlichkeit, und der übrigen Dienerschaft, wie auch von dem Rathe daselbst, durch den Geheimen-Rath und Canzler Hoppen, den gewöhnlichen Handschlag annehmen, und über die ganze Besitzhandlung ein Instrument fertigen, so wie auch ein Patent im Druck ergehen, Kraft dessen den Landständen, Beamten und sämmtlichen Unterthanen des Fürstenthums Jena anbefohlen wurde, sich lediglich an denselben mit ihren Pflichten zu halten. **)

Durch Vermittlung Gothaischer Seits wurde nun zwar durch besonders dazu deputirte Räthe ***) zu Weimar den 4ten October 1686 ein Vergleich errichtet, und bis auf Ratification allerseits Fürstl. Herrschaften, welche binnen zehn Tagen erfolgen sollte, unterschrieben und besiegelt. Allein von Seiten des Herzogl. Eisenachischen Theils verweigerte man aus verschiednen Ursachen die Genehmigung desselben.

₅₃

---

*) Müller a. a. O. S. 556.
**) Müller a. a. O. S. 556 und 557.
***) Diese Räthe waren, Johann Friedrich Bachoffen, Volkmar Hoppe, und Johann Jacob Schmiede.

Indeß säumte der Vormund Wilhelm Ernst nicht, sich am 19ten October 1686 persönlich zu Jena huldigen zu lassen.

Wider diese Huldigung wurde zwar Eisenachischer Seits schriftlich protestirt, auch besondere Schreiben und Rescripte, sowohl an den Fürstl. Vormund selbst, als an die vormundschaftliche Regierung, und die gleich anwesenden Landstände, durch einen besonders requirirten, und nach Jena abgesendeten Notarius Namens Johann Conrad Weber, mit Zuziehung zweier Zeugen: Friedrich Koch von der Thann in Franken, und Heinrich Franken von Saltzungen, beides Studenten, theils während theils nach geendigter Huldigungspredigt, eingehändigt, nichts destoweniger aber hatte der Huldigungs Actus seinem Fortgang. _54_

Bey dieser Lage gedieh diese Differenz an den Kaiserlichen Reichshofrath zu Wien, und es ertheilte der Kaiser dem Herzog Friedrich von Gotha und Herzog Albrecht von Coburg, - welche beide Brüder waren, - Auftrag, (den 4ten Febr. 1687) beide Theile wo möglich dahin zu vergleichen: daß sie die streitige Vormundschaft gemeinschaftlich führten; - in Entstehung der Güte aber, darüber, und besonders was in den Fürstl. Weimarischen, Eisenachischen und Jenaischen Landen in dergleichen Vormundschaftsfällen Observanz sey, und ob die Fürstl. Sächsischen Häuser zu solcher Observanz, welche bey den Unterthanen in diesen und andern Fällen üblich, gleichergestalt verbunden und gehalten seyen? innerhalb der nächsten zwei Monate zu berichten.

Beide Herzöge unterzogen sich diesem Auftrag, indem sie den 28. April 1687 einen zu Gotha abzuhaltenden Termin ansetzten, und beide Fürstl. Theile zu Absendung besonderer Deputirten einladeten.

Hier wurde diese Angelegenheit dergestalt beseitigt: daß Eisenach zu Erhaltung des Freundvetterlichen Wohlvernehmens, von seinem Ansprüchen an der Mitvormundschaft abgieng *) _55_

---

*) Müller S. 557 und 581.

Als der junge Herzog in dem 13ten Jahre seines Alters stand, bezog er mit seinem Hofmeister Johann Ringler seine Residenz und die Universität Jena, um den Anfang mit Academischen Studien zu machen. (1687 den 12. July) Ein halbes Jahr darauf (1688 den 6ten Jan.) suchte der Academische Senat bey dem Herzogl. Vormund Wilhelm Ernst zu Weimar um die Erlaubniß nach, ihren jungen Fürsten zum Rector der Universität erwählen zu dürfen; und, nachdem solche erfolgt war, geschah am 23sten Februar darauf die feierliche Inauguration.

Früh halb acht Uhr wurde zum erstenmal mit allen Glocken geläutet, halb neun Uhr solches wiederholt, und um zehn Uhr zum dritten und letztenmale; und zu gleicher Zeit erschollen auch in dem Fürstl. Schlosse Trompeten und Paucken.

Der Academische Senat nebst dem dazu gehörigen Personal, so wie die sämmtlichen Studierenden, hatten sich bey dem erstenmal Läuten, im Collegio, das Regierungs- und Kammerpersonal so wie der Stadtrath aber, bey dem Schlosse versammelt. Bey dem zweiten Puls der Glocken begab sich jedes Corpus, von seinen Marschällen geführt, ins Schloß, vor dessen äuserstem Thore zwei Compagnien Infanterie paradirten.

Im Schloßhof wurden die Studenten auf die Seite nach dem Reithause zu gestellt, der Academische Senat, so wie die andern Academischen Personen aber, auf dem Saal des Parterres des Schlosses, und die Regierungs- und Kammerglieder nebst dem Stadtrath in das gegenüber befindliche Zimmer geführt.

Als alles versammelt war, verfügte sich der Fürstl. Vormund, welcher Tags vorher mit dem ganzen Hofstaat, sich nach Jena begeben hatte, nebst den Geheimen- und andern Räthen und Adelichen, in des jungen Herzogs als erwählten Rectors Magnificentissimi, Zimmer, um denselben zur Feyerlichkeit abzuholen, und bey Läutung des dritten Pulses, gaben die Trompeten und Paucken das Zeichen, daß die Prozession sich in Bewegung setze. Es gieng solche durch die, auf beiden Seiten in Gewehr stehende Bürgerschaft, und Ausschuß, die Schloßgasse hinab, durch die Oberlauengasse, über dem Markt, durch die daselbst errichtete prachtvolle Ehrenpforte *) übers Kreutz und in die Stadtkirche.

Die Ordnung aber, in welcher der Zug gieng, war folgende:

Die Eröffnung desselben geschah durch des Obristlieu- 57 tenants von Wolframsdorf Compagnie zu Fuß, mit klingendem Spiele. Diesem folgten mit einem besondern Marschall zwölf grün gekleidete Heiducken mit Musik, dann der Fechtmeister, Friedrich Kreißler, als Marschall der Studenten, welche letztere vier und vier in einem Gliede giengen, und über tausend waren, - diejenigen nicht gerechnet, welche den Zug nicht mit bildeten, sondern blos Zuschauer waren. –

Diesem großen Personal folgte der Stadtmusikus mit seinen Leuten und Instrumenten, dann das Corpus Academicum, angeführt von dem Marschall Jeremias Stöpler, so wie der Exrector Friedemann Bechmann, Doctor der Theologie, und der Prorector Peter Müller, Doctor und Professor der Rechte, beyde unter Vortragung der silbernen Zepter durch die Pedelle, von den beyden vornehmsten Abgeordneten geführt. Sodann kam der Vormundschaftsrath und Oberhofmeister des jungen Herzogs Georg Ludwig von Weimar mit mehrern Adelichen.

Acht Trompeter und Paucker giengen dem Rector Magnificentissimus vor, und dieser selbst ritt auf einem prächtig ausgeschmückten Pferde, zu beyden Seiten umgeben mit zwölf einspännigen und eben so viel Pagen und Laquayen, in

---

*) Ausser dieser Ehrenpforte waren auch auf dem Markt noch vier Oblisken mit sehr interessanten Innschriften aufgerichtet. Müller am angef. Ort. S. 576.

blau und anderer Farbe mit Silber portirter Livreé, und zwar letztere mit entblößten Häuptern.

Dann folgte der regierende Herzog zu Weimar als Fürstl. Vormund des jungen Herzogs, in einem Staatswagen fahrend, und unter Vorausgehung des Fürstl. Weimarischen Geheimenraths und Hofmarschalls Anton Günther von Schwarzenfels, nebst den Geheimen- und andern Räthen auch mehrern Adlichen, ebenfalls zu beiden Seiten von zwölf Einspännigen, so wie von den Fürstl. Weimarischen Pagen und Laquayen in blau und roth mit Silber portirter Livreé, und unbedeckten Häuptern umgeben.

Diesen schlossen sich, das Fürstl. Canzley- und Kammerpersonale, die Beamten und der ganze Stadtrath und Bürgerschaft an. Den ganzen Zug beschloß endlich der Hauptmann von Mandelsloh mit einer Compagnie Infanterie.

Beim Eintritt in die Kirche ertönten Trompeten und Paucken, und nach einer gehaltenen Kirchen-Musik, holten der Weimarische Hofmarschall und der Jenaische Hofmeister, beyde mit Marschallsstäben, unter Begleitung mehrerer Cavaliers, den jungen Herzog aus seinem Stande ab, und führten ihn auf den unten in der Kirche besonders dazu eingerichteten, durchaus mit grünem Sammet bekleideten Cathedef, hinter welchen sich die Cavaliers begaben, der Ex-Rector aber zur rechten, und der Prorector zur linken Seite des Herzogs, jedoch beyde zwei Stufen niedriger standen.

Die Handlung selbst eröffnete der Ex-Rector, mit einer lateinischen Rede, und trat dem Magnificentissimo, indem er demselben das mit Juwelen besetzte, auf einem grünen Sammetkissen vor dem Cathedef liegende Pallium umthat, und das Seinige dem Prorector überreichte, auch die academischen Insignien, als: die silbernen Zepter, Insiegel und Schlüssel, welche in einem silbernen Lavoir lagen, übergab, das Rectorat ab.

Der junge Herzog nahm solches, alles unter Haltung einer, in lateinischer Sprache abgefassten Rede, worin er sich über die Uebernahme des Academischen Regiments aussprach, die Studierenden ihrer Schuldigkeit erinnerte, den Sekretair die Statuten ablesen ließ, und die Academischen Insignien sofort dem Prorector zustellte, an, und endigte mit dem Wunsch für das Wohl der Universität. Worauf mit einer, von dem Prorector gehaltnen lateinischen Rede geschlossen und das Herr Gott dich loben wir, unter Trompeten- und Pauckenschall, angestimmt wurde.

Bey dem letzten Vers führten die beyden Hauptmarschälle, den Rector Magnificentissimus vor den mit grünen Sammet bekleideten Altar, auf einen für ihn ausgebreiteten großen türkischen Teppich, und der Prorector, so wie die Dekanen der vier Facultäten stellten sich hinter denselben, wo nach Endigung des Lieds vom General-Superintendent Georg Götze ein, besonders auf diese Handlung gerichtetes Gebet, in Form einer Collecte abgesungen, und dann der Segen gesprochen wurde. Während welchem allen der Rector Magnificentissimus auf einem sammetnen Kissen kniete, und die andern hinter demselben ein gleiches thaten. _60_

Nach Beendigung dessen wurde der junge Herzog, unter Ertönung der Trompeten und Paucken, von den beyden Hauptmarschällen und Cavaliers, vom Altar wieder in den Fürstl. Kirchstuhl zurückgeführt; der Prorector und die Dekane aber verfügten sich gleichfalls wieder an ihre vorigen Stellen, und während wieder angehobener Musik, erfolgte der Rückzug in das Fürstl. Schloß in voriger Ordnung.

Bey Ankunft daselbst wurden beyde Fürstl. Personen von den Räthen und Cavaliers, in des Magnificentissimi Zimmer begleitet, die übrigen Anwesenden aber von ihren Marschällen in diejenigen Zimmer geführt, wo sie speisen sollten. Sodann erfolgten von dem Fürstlichen Deputirten die Glückwünsche, wobei nun die besonders dazu geprägte Gedächtnißmünze *) ausgetheilt, und in verschiednen Zimmern unter Musik der Weimaris. Hofkapelle gespeißt wurde.

Dieses Rectorat behielt der Herzog bis an seinen Tod, indem er den 2ten July desselben Jahres, und den 6ten Juny 1689 wieder dazu erwählt worden.

Den 5ten September darauf empfingen die Herzoge von Sachsen Weimar und Eisenach, Wilhelm Ernst, Johann Ernst, und Johann Georg, für sich und ihre Brüder, Herzog Johann Wilhelm dem ältern, und in Vormundschaft des unmündigen Herzogs zu Jena, Johann Wilhelm des jüngern, zu Wien nach dem Tode ihrer allerseits Vettern, Johann Ernst, Johann Georgs und Bernhards, über die ihnen aus väterlicher Verlassenschaft und brüderlichem Vergleich, angefallenen Lande, durch den dahin abgesandten Fürstl. Weimarischen Geheimenrath, und in Vormundschaft verordneten Hofrath zu Jena, Nicolaus Christoph von Lynker, die Lehn, und bekamen den darüber ausgefertigten Lehnbrief eingehändigt (1688 d. 19. October.)

Unter der Vormundschaft des jungen Herzogs erhielt auch die der Universität Jena gehörige Stadt Remda, auf

---

*) Diese Medaille ließ der Vormund Wilhelm Ernst zu Sachsen-Weimar prägen. Auf einer Seite ist vor der Stadt Jena der Merkursstab, und darauf das Sächsische Wappenschild sammt Fürstenhut, mit der Umschrift: Tuetur et ornat (Er beschützet und zieret.) Auf der andern Seite aber, ist Jehova in Strahlen, und darunter folgende Schrift: „Auctoritate Dei gratia Wilhelmi Ernesti Duce Saxoniae Tutoris Johannes Wilhelmus Dux Saxoniae princeps Juventutis More Divi Patris et Majorum Academiae salanae Sceptra capessit Feliciter D. 23. Febr. An. 1688. dieses heißt auf deutsch folgendes: Mit hoher Genehmhaltung Herzog Wilhelm Ernsts zu Sachsen, Vormunds, hat der junge Prinz Herzog Johann Wilhelm zu Sachsen, nach des Herrn Vaters und seiner Vorfahren Gewohnheit, die Scepter der Jenaischen Academie glücklich empfangen, den 23. Februar 1688.
Die kleinern Sorten dieser Medaille beschließen wegen Mangel des Raums zuletzt nur mit diesen Worten: Rector Acad. Jenensis D. 23. Februar 1688. (Rector der Jenaischen Universität den 23 Februar 1688) Tentzel Ernestinisches Medaillen-Cabinet. S. 710.

Nachsuchen, die Verwilligung: über die, bereits habenden zwei Jahrmärkte, noch zwei neue Märkte, als: auf Johannistag einen Jahr- und auf Egidi einen Jahr- Roß- und Viehmarkt zu halten (1689 den 29. Juny) *) Da auch in diesem Jahre über die Succession in die, durch das Absterben des letzten Herzogs von Sachsenlauenburg Julius Franz, welcher am 19. Septbr. 1689 auf seinen Schlosse Reichsstadt in Böhmen mit Tod abgieng, erledigten Lauenburgischen Lande: zwischen den Herzogen von Sachsen Ernestinischer Linie und dem Churhause Sachsen, Irrungen entstanden, so sey es mir erlaubt, kürzlich dieser Sache auch hier zu gedenken.

Die sämtlichen Herzoge von Sachsen, Ernestinischer Linie, suchten ihre Ansprüche dadurch geltend zu machen und das Churhaus gänzlich von dieser Erbfolge auszuschließen, daß sie sich auf die Anwartschaft und Eventualbelehnung, welche Churfürst Friedrich der Weise und sein Bruder Johann im Jahr 1507 den 28. July auf dem Kostnitzer Reichstage auf diese Lande erhalten hatten, bezogen. **)

Allein Chursachsen antwortete: daß das Ernestinische Haus, nachdem der Churfürst Johann Friedrich die Chur und mit derselben zugleich alle seine Lande, Rechte und Anwartschaften verloren, und an die Albertinische Linie habe abtreten müssen, auf nichts weiter Anspruch machen könne, als was dem gedachten Johann Friedrich und seinen Nachkommen von ihren ehemaligen Ländern und Rechten, durch die Wittenberger Capitulation und den Naumburger Vertrag zu-

---

*) Müller a. a. O. S. 589.
**) Auf diesem Reichstage ertheilte der Kaiser dem Churfürsten Friedrich und seinem Bruder Johann, und ihren Mänlichen Nachkommen, und in deren Ermanglung dem Albertinischen Hause die Anwartschaft und Eventualbelehnung auf die S. Lauenburgischen Lande, auf den Fall, daß der Herzog Magnus von Lauenburg ohne männliche Nachkommen abgehen sollte; wie aus Lünigs Reichsarchiv Part. sp. Th. II. No. 70. S. 223 f. et Part spec: Cont. II. Abth. IV. Absch. II. No. 146. S. 671 f. zu ersehen ist.

rück gegeben worden. In diesen aber sey weder der Lauenburgischen noch irgend einer Anwartschaft gedacht: welches auch der Kaiser Leopold so gut erkannt, daß er jene Expectanz vom Jahr 1507 allein dem Churfürsten Johann Georg dem II und seinen Nachkommen im Jahr 1660 den 10 Juny 64 bestätiget *) und nur noch vor zwei Jahren dem Churfürsten Johann Georg III erneuert habe. **)

Wider diese Gründe ließ sich nicht viel einwenden, zumal da noch andere wichtigere Prätendenten, als: das Haus Anhalt, der Herzog von Zelle, und der Herzog von Meklenburg, hinzukamen, vor welchen Chursachsen selbst seine Ansprüche nicht ganz behaupten konnte: und so erhielt das Ernestinische Haus von der ganzen Lauenburgischen Erbschaft weiter nichts, als daß ihm der bereits angenommene Titel von Engern und Westphalen so wie solchen ehedem die Ascanischen Herzoge von Sachsen, und nachher die Herzoge von Lauenburg geführt hatten, auch von Chursachsen zugestanden und beigelegt wurde. ***)

Nach dieser kleinen Abweichung kehre ich wieder auf unsern jungen Herzog Wilhelm zurück.

Dessen vortreffliche Anlagen der Humanität und in den Wissenschaften bildeten sich immer mehr aus, und gaben die schönsten Hoffnungen: in ihm dereinst den musterhaftesten Regenten zu besitzen, als mit einemmal das Schicksal alle 65 diese frohen Erwartungen vereitelte! indem derselbe mit den Kinderblattern befallen wurde und am 4ten Novbr. 1690 Morgens sieben Uhr, in der Blüthe seiner Jahre, in einem Alter von funfzehn Jahren sechs Monaten und sieben Tagen, seinen Geist aufgab. ****)

Nachdem der Fürstl. Leichnam einbalsamirt, und acht Tage in dem großen Saal des Herzogl. Schlosses auf einem

---

*) Müller S. 439.
**) Lünig R. A. P. spec. Cont. II Abth. IV. Abs. II. S. 671 f. f.
***) Müller S. 595. Levin von Amber, (Imm. Weber) Sachsenlauenburgischer Stammfall Hamburg 1690 4.
****) Tentzel Ernest. Med.-Cabinet. S. 713.

prächtigen Paradebette ausgestellt war, erfolgte am 19ten Februar 1691 Abends 9 Uhr, die feierliche Beisetzung.

Unter Läutung aller Glocken und einer feierlichen Procession, bestehend aus der Obervormundschaftlichen- und Jenaischen- Dienerschaft, Cavaliers und den Professoren der Universität, welchen sich die Studirenden anschlossen: wurde die Fürstliche Leiche auf einem, mit sechs Pferden bespannten Leichenwagen, unter Fackelschein in die Kirche gebracht, und daselbst in dem sehr kostbaren, mit Wachskerzen illuminirten Castro doloris auf ein schwarzsammtnes, mit den Fürstlichen Ahnen geziertes Tuch niedergesetzt, und nach einer, von der Herzoglich Weimarisch. Capelle aufgeführten Trauermusik und einigen gesungenen Choralen, in die Gruft getragen, nachher die Collecte gelesen, der Segen gesprochen und mit einem Gesange geschlossen.

Den folgenden Tag, (den 20 Februar) erfolgte der Trauergottesdienst. Abermals war auf eine prachtvolle Art das Castrum doloris erleuchtet, und nach erfolgtem dreimaligen Läuten aller Glocken, begab sich, wie am vorhergehenden Tage, das ganze Fürstl. Leichenbegleitende Personal in Trauerkleidung, jedoch ohne Procession, in die Kirche, wo von der Weimarischen Capelle eine Trauermusik aufgeführt, vom Generalsuperintendent Dr. Georg Götze die Leichenpredigt gehalten, und die Personalien abgelesen wurden.

Nach gehaltener Predigt continuirte die Trauermusik, und nach dem Gesang einiger Lieder, und nachdem die Collecte und Segen gesprochen, auch nach diesen ein Sterbelied gesungen, und somit der Gottesdienst beendigt war, hielt der Geheimerath und Hofmarschall zu Weimar, Anton Günther von Schwarzenfels die Hauptparentation, womit sich die ganze feierliche Handlung beschloß. *)

Auf diesen Todesfall und Begräbniß sind vielerlei Medaillen an ganzen und halben Thalern, Ortsthalern, Groschen und Dreiern geprägt worden.

---

*) Müller S. 597 f.

Die ganzen Thaler zeigen das Brustbild, umschrieben: Johannes Wilhelmus Dux Saxoniae, Juliaei, Clivice, Montium, Angariae, Westphaliae. Der Revers enthält ein Epitaphium woran die Schrift: Natus D. XXVIII Martii MDCLXXV. Denatus D. IV

67 Novbr. MDCLXXXX sepultus Mense februario M. DCXCI. vixit An. XV. Menses VII Dies 12 befindlich. Oben darauf liegt der Rectorats-Mantel, die Zepter und der Fürstenhut mit der Beischrift: praestant aeterna caducis (das Ewige ist besser als das Vergängliche.) Die auswendige Umschrift begreift den Titel: Rector Academiae Jenensis-Magnificentissimus.

Die halben Thaler sind den ganzen meistentheils gleich, aber untereinander selbst, entweder im Brustbild, oder in den Aufschriften unterschieden.

Die Ortsthaler enthalten zwar auch das Epitaphium, aber mit anden Aufschriften, indem es oben darauf heißt: „Non peritura nece" (Sie vergehen nicht mit dem Tode.)

Am Epitaphio selbst sind des Herzogs Namen, Titel und Lebenszeit; aber auf dem Revers ließt man zwischen zwei Palmenzweigen, was bei den halben Thalern auf dem Epitaphio geschrieben steht: wenn er gebohren, gestorben und begraben worden.

Die Groschen haben auf einer Seite das Wappen über zwei kreutzweis gelegten Zeptern, mit dem Fürstenhute bedeckt; in der Umschrift den Titel des Rectors Magnificentissimus, unten die Stützen des Ruhms. Auf der andern Seite

68 inwendig, die Zeit der Geburt, des Todes und Begräbnisses, auswendig sind die Namen und Titel befindlich.

Die Dreier zeigen die Fürstl. Namens-Chiffre, aber einen falschen Monat des Begräbnisses und der Lebenszeit des verstorbenen Herzogs. *)

Durch den Tod dieses jungen Herzogs Johann Wilhelm, erlosch die Jenaische-, seit dem 8. December 1662, mithin

---

*) Tentzel I. c. S. 713 ff.

nur 28 Jahre bestandene Linie, und fielen die dadurch erledigten Lande, auf die beiden Häuser, Weimar und Eisenach.

Zwischen solchen kam es zu bedeutenden Succession-Irrungen. Weimar verlangte von den angefallenen Landen die Hälfte, und hatte sofort Besitz ergriffen; dieser angemaaßten, alleinigen Possession wurde aber von Seiten Herzogs Georg zu Eisenach, durch ein öffentlich gedrucktes Patent widersprochen und feierlich protestirt, (13 Novbr. 1690) und zwar um deshalb, weil in einem Provisionalvergleiche vom Febr. 1683 dem Hause Eisenach auser der ihm sonst gebührenden Hälfte, noch ein Sechstheil ausgesetzt worden. *)

Zu Beilegung dieser Irrungen wurden unterm 28ten Decbr. 1690 zwischen den, von beiderseitigen Höfen beauftragten Räthen, namentlich Volkmar Hoppen, Geheimenrath, Canzler und Präsident des Ober-Consistoriums, Anton Günther von Schwarzenfels, Geheimenrath und Hofmarschall, Christian Friedrich Güpner, Hof- und Cammerrath zu Weimar, wie auch Johann Jacob Schmied, Geheimenhofrath zu Eisenach, zu Erfurt gütliche Unterhandlungen angestellt, **) auch unterm 4 Januar 1691 verschiedene Vergleichspunctationen abgeredet. Allein, da solche Eisenachischer Seits nicht genehmigt wurden, erfolgte unterm 10 Januar eine anderweitige Entwerfung derselben, welche besonders den Eisenachischen Mitbesitz, so wie die ausgesetzten strittigen sechs Zwölftel, welche selbiges über die ihm sonst gehörige Hälfte, vermöge des vorerwähnten getroffenen Provisionalrecesses, begehrte, enthielten; und kam man überein, daß solche in Wirkung treten sollten, sobald die zu Jena fortgesetzt werdenden, gütlichen Verhandlungen einen guten Ausgang gewinnen würden.

Die Fürstl. Interessenten ratificirten diesen Punctationsrceceß (25 Jan. 1691) und nach erfolgter wechselseitiger Aus-

---

*) Müller l. c. S. 546.
**) Müller l. c. p. 596.

wechselung desselben, (30 Jan. 1691) begaben sich sämmtliche Deputirte, sowohl zu Ergreifung des Mitbesitzes Eisenacherseits, als zu Fortsezung und Beendigung der Ausgleichung, nach Jena, (3 Febr. 1691) wo am Tage ihrer Ankunft 70 (4 Febr.) die Fürstl. Eisenachischen Abgeordneten von den Collegien Ministerio, wie auch von der Hof- und anderer Dienerschaft, Beamten und den Stadträthen, gleichwie bereits Herzogl. Weimarischerseits geschehen war, sich das Handgelöbniß, wegen des Mitbesitzes leisten ließen. Endlich kam am 12 Julius 1691, welches ein Sonntag war, zu Weimar der wirkliche Erbtheilungsreceß wirklich zu Stande, und wurde früh, vor der Predigt, auf dem großen Saale, Herzog Wilhelms Gemach genannt, an sechs Exemplaren, *) sowohl von den beiden Fürstl. Weimar. als Eisenachischen Brüdern vollzogen, und darauf im Beyseyn derselben, und denen, zu diesem Successionsgeschäft deputirten Geheimenhof- und Cammerräthen, nachdem vorher von dem Geheimenrath und Canzler Hoppe der Vortrag geschehen, und der Geheimerath Johann Jacob Schmidt darauf geantwortet, von dem Geheimen- und Lehnssecretär Johann Sebastian Müller **) abgelesen, worauf sich die Fürstl. Herrschaften und Dienerschaft in die Kirche begaben, wo ein feierlicher Gottesdienst gehalten, eine Musik von der Herzogl. Hofcapelle aufgeführt, und nach geendigter Predigt ein besonderes Dankgebet wegen geschlossenen gütlichen Tractaten, von der Canzel verlesen, und unter Trompeten und Pauckenschall, das „Herr Gott dich loben wir" gesungen wurde. ***)

Nach diesem aufgerichteten Theilungsreceß kam auf den Herzogl. Weimarischen Theil:

---

*) Von diesen sechs Exemplaren nahm ein jeder der Fürstl. Herrn Pacisenten ein Exemplar zu sich, und die andern beiden wurden nachmals in die Fürstl. Archive zu Weimar und Eisenach niedergelegt.
**) Dieser war der Herausgeber der Sächß. Annalen.
***) Müller in Annal. S. 508.

Amt und Stadt Dornburg sammt dem Schlosse,
Amt und Stadt Bürgel nebst dem
Vorwerk Kniebsdorf,
Amt Capellendorf,
Amt Heusdorf,
die beiden Voigteien Magdala und Gebstädt,
die Stadt Buttelstädt,
das Dorf Döbritzschen,
das Dorf Wiegendorf mit dem Gleit,
die Hoheit über die Stadt Apolda,
die Hälfte von dem Döbritzscher Holze und Wehfange,
anderthalb Sechszehntheile von dem jenaischen Antheil
    am Erfurter Hauptgleite, und
die hohe und niedre Jagd in der sogenannten Jehnitzsch
    und dazu gehörigen, im Amte Leuchtenburg gelege-
    nen Jagd-Revieren.

Der Herzogl. Eisenachische Theil bestand in folgenden:

In dem Residenz-Schloß, Amt und Stadt Jena, nebst
    Burgau und der Stadt Lobeda, auch dem Schloßgar- <u>72</u>
    ten, Regierungshause, Fürstenkeller und Jägerhause,
Amt, Schloß und Stadt Allstädt sammt den dazu gehöri-
    gen Vorwerken und Schäfereien,
die ganze Zollbach mit Gebäuden und Holzungen, ho-
    hen und niedern Jagden und allen Pertinentien, mit
    Einschluß des, dem Fürstl. Weimar. Theile früher da-
    ran zugestandenen Antheils,
die Hoheit über die Herrschaft Remda,
das Eischbergische Directorium nebst dem Pacht selbi-
    gen Amtes, welches der Fürstl. Weimarische Theil,
    dem Fürstl. Eisenachischen bei dieser Theilung abtrat,
das Vorwerk Schwabsdorf, wie auch das Vorwerk
    Döberitzschen nebst allem Zubehör,

dritthalb Sechszehntheile von dem Jenaischen, 4 Sechszehntheile von dem Erfurter Haupt-Gleite,
der halbe Georgenthalhof zu Erfurt,
die Carthäuser Zinsen,
die Hälfte des Döberitzscher Holzes und Wehfang, wie
auch die Saal-Flöße.

Neben diesem wurden auch die, zeither in Gemeinschaft
geführten, zwei Reichs- und Kreiß-Vota getheilt, dergestalt,
daß künftig Sachsen-Weimar das Weimarische allein, und
Sachsen-Eisenach das Eisenachische auch allein führten.

73   In die auf Weimar gekommenen Lande theilten sich, am
23 Juli 1691, die beiden Herzogl. Brüder, Wilhelm Ernst, und
Herzog Johann Ernst, jedoch nur in Ansehung der Einkünfte, indem Wilhelm Ernst die Regierung im gesammten
Namen führte.

Bei dieser Theilung bekam Wilhelm Ernst:

Amt und Stadt Dornburg mit dem Dorfe Groß-
Romstädt,
Amt und Stadt Bürgel,
einen gewissen Theil des Döbritzscher Holzes und Wehfanges,
das Gleit zu Wiegendorf,
einen großen Theil an dem Erfurter Gleit,
das Dorf Döbritzschen,
die Voigtei Gebstädt,
die Stadt Buttelstädt und
das Dorf Wiegendorf.

Herzog Johann Ernst erhielt hingegen:

das Amt Capellendorf,
das Amt Heußdorf,
die Voigtei Magdala,
einen Theil des Döbritzscher Holzes und Wehfanges, so
wie

einen Theil vom Erfurtschen Gleit. *)

Acht Wochen darauf, den 23 Septbr. 1691 ließ der regierende Herzog, Wilhelm Ernst zu Weimar, von denjenigen
Unterthanen, welche dem Hause Weimar, durch den Jenaischen Landes-Anfall zugekommen waren, auf dem Schloß zu
Dornburg durch dahin abgeschickte Commissäre, **) die
Landeshuldigung einnehmen; diese Handlung geschah folgender Gestalt:

Früh 8 Uhr nahm der Gottesdienst seinen Anfang, wo
der dasige Superintendent Johann Schlemm, gewesener Hofprediger zu Jena, die Predigt hielt. Nach geendigter Predigt
versammelten sich die beiden Deputirten der Jenaischen Universität, D. Christian Wildvogel, und M. Caspar Poßner, nebst
den Anwesenden der Ritterschaft, wie auch die übrigen Va-
sallen und der Abwesenden Bevollmächtigte, die Geistlichkeit, die sämmtlichen Justiz- und Rechnungsbeamten, Jagd-
und Forstbedienten, Steuereinnehmer und die Räthe aus den
Städten, in dem Fürstl. Schlosse auf dem großen Saale. Der
Geheimerath und Canzler Volkmar Hoppe eröffnete die feierliche Handlung mit einer angemessenen Rede, ließ darauf
das Fürstl. Commissariale ablesen und fuhr sodann in der
Rede fort.

Nach deren Beendigung erfolgte die Vorlesung der Erb-
huldigungspflicht den Ständen, und nach einer Gegenrede
derselben, leisteten sie sämmtlich den Handschlag, so wie den
Huldigungseid.

Nach Beendigung dessen begaben sich die Fürstl. Commissäre aus diesem Saale in ein anderes Gemach, und stellten
sich an die nach den Hof gehenden, mit einem gewirkten sei-
denen Teppich bekleideten offenen Fenster, von wo aus der

---

*) Müller in Annal. S. 589.
**) Diese waren: der Geheimerath und Canzler, auch Präsident des Ober-
Consistorii, Volkmar Hoppe, so wie der Geheimerath und Hofmarschall,
Anton Günther von Schwarzenfels und der Cammerrath, Christian Fried-
rich Güpner.

Canzler Hoppe gegen die im Hof versammelten Deputirten aus den Städten und Dörfern, von der feierlichen Handlung Vortrag that, sodann durch den Sekretär aus einem besondern Fenster, die Huldigungspflicht und den Eid ablesen und nachsprechen ließ. Ein dreimaliges Vivat Sachsen Weimar vom Sekretär gerufen, und freudiges Wiederholen dieses Ausdrucks von sämmtlichen Anwesenden endigte diese Handlung. *)

Von dem Herzogl. Hause Sachsen Jena, welches 28 Jahre weniger drei Wochen drei Tage, nemlich vom 8 Decbr. 1662 bis zum 4 November 1690 geblühet hatte, war nach dem Absterben des jungen Herzogs Johann Wilhelm, nur noch die einzige Tochter des Herzogs Bernhards des II.

Charlotte Marie

übrig, und es sey mir vergönnt über diese Prinzessin, - von deren Lebensverhältnissen, so viel mir bewußt ist, noch keine gedruckten Nachrichten vorhanden sind – noch einiges, so viel ich aus noch ungedruckten Quellen habe entnehmen können, zu sagen.

Sie wurde, wie bereits schon gedacht, den 20 Decbr 1669 zu Jena gebohren, und befand sich bei dem Ableben ihres Vaters (1678 den 3 Mai) in dem zehnten Jahre ihres Alters, und da nach dem väterlichen Testamente auch ihr, gleich wie ihrem Bruder, dem jungen Herzog Johann Wilhelm, in Ansehung der Erziehung und Pflege, ihre Frau Mutter als Vormünderin verordnet war, so genoß sie solche auf das vortrefflichste bis zu deren, am 23 August 1682 erfolgtem Absterben. Von jener Zeit an hielt sie sich am Hofe des Herzogs Johann Georg zu Eisenach auf. Hier bewarb sich der Herzog Wilhelm Ernst zu Weimar um ihre Hand, und schon ein Jahr drei Monate nach ihrer Mutter Tode, wurde sie mit demselben verlobt und die Eheberedung aufgerichtet, (26 Octbr. 1683.)

---

*) Müller S. 600.

Vermöge derselben wurde verwilligt: 16000 Thaler zur Mitgabe und Heirathsgut, 5000 Gülden Schmuckgelder, und darüber noch 6428 Gülden 12 Gr. an erhöhten Schmuckgeldern, hingegen zur Wiederlage 16000 Thlr. nebst 2000 Thlr. Hauptgeld, solche jährlich mit 200 Rl. zu verzinsen. *)

75
77

Dagegen leistete selbige, nach erfolgter Copulation zu Eisenach, (den 1 Novbr. 1683) am 4 Novbr. gedachten Jahres, in Gegenwart ihres Gemahls, so wie des Herzogs Johann Georgs zu Eisenach und mehrerer Herzogl. Räthe, auf die Väter- Brüder- und Vetterschen Successionen und Erbschaften, mittelst Handschlags an Eidesstatt Verzicht, und wurde sowohl die darüber abgefaßte Verzichtsurkunde, sammt der beigefügten Eidesformel, laut abgelesen, und solche darauf nebst dem Verzichtsdocumente von beiden Fürstl. Eheleuten unterschrieben und besiegelt.

Diese Verzichtleistung gab in der Folge zu mehrern Beschwerden der Herzogin Veranlassung, wovon weiter unten vorkommen wird. Sie lebte mit ihrem Gemahl sieben Jahre in der Ehe, jedoch ohne Kinder zu erzeugen, und in Unfrieden, veranlaßt durch wechselseitige Irrungen und Beschuldigungen.

Der Zorn des Herzogs ging so weit, daß er solche einst, als sie ohne seine Zustimmung eine Reise unternommen hatte, steckbrieflich verfolgen, arretiren, nach Weimar bringen, und daselbst eine geraume Zeit in Arrest halten ließ. **) Bei solchen traurigen ehelichen Verhältnissen fanden sich beide Theile veranlaßt, auf eine Trennung der Ehe anzutragen.

76
78

---

*) Müller in Annal. S. 549.
**) Dieses habe ich aus einer eignen schriftlichen Rechnung der Herzogin d. d. Jena den 5 Juni 1691, worinnen sie 200,000 Thaler für erlittenen Schimpf durch steckbriefliche Verfolgung verlangt, und deshalb eine ästimatorische Injurienklage angestellt habe, entnommen.

Zu diesem Ende wurde Dr. Georg Adam Struv, herzogl. Geheimerath, *) so wie die sämmtlichen Professoren der theologischen und juristischen Fakultäten der Universität Jena, zur Untersuchung und Entscheidung der beiderseitigen Beschwerden beauftragt, ihrer Pflichten gegen den Herzog entlassen, und besonders zu dieser Ehesache vereidet.

Durch deren Entscheidung wurde diese unglückliche Ehe unterm 23 August 1690 wieder aufgehoben, und zwar dergestalt: daß jedem Fürstl. Theile nachgelassen bliebe, sich anderweit zu verheirathen, jedoch der Herzogin nicht anders, als erst nach geflogenem Rath und Genehmigung ihrer Fürstl. Anverwandten. **)

Es sey ferne von mir über die wechselseitigen Verhältnisse dieser ehelichen Verhinderung ein Urtheil fällen zu wollen, allein so viel läßt sich wohl sagen, daß deren Grund theils in dem Charakter der Herzogs, theils in der Jugend der Herzogin mag gelegen haben. Wilhelm Ernst war an sich ein sehr würdiger Fürst, der zum Wohl seiner Unterthanen die besten Verordnungen und Anstalten gemacht, und weder geizig noch verschwenderisch, allein herschsüchtig und hitzig, wie auch die Zwistigkeiten mit seinem Bruder Johann Ernst und dessen Sohn und Nachfolger in der Mitregentschaft, dem Herzog Ernst August, beweisen.

Die Herzogin hingegen zu jung, - nemlich wie schon oben erwähnt worden, im vierzehnten Jahre – verheiratet, besaß noch keineswegs diejenige Festigkeit des Charakters, welche, um sich in das Temperament des Herzogs zu schicken, erforderlich war, und die von mehrern leichtsinnigen Handlungen hätte abhalten können.

Nach getrennter Ehe residirte die Herzogin bei ihrem Fürstl. Bruder auf dem Schlosse zu Jena. Als aber dieser, nicht völlig drei Monate nach dieser Ehescheidung mit dem

---

*) Dieses war mein – des Verfassers – Urgroßvater.
**) Müllers Annalen S. 596. Weder der Herzog noch die Herzogin haben sich aber wieder vermählt.

Tode abging, (den 4 Novbr. 1690) und zwischen ihr und den Herzogl. Landes-Nachfolgern hinsichtlich der Allodial-Verlassenschaft des verstorbenen jungen Herzogs, sogleich nach dessen Ableben mehrere Zwistigkeiten entstanden, und ihr der behauptete Mitbesitz der Verlassenschaft und Wohnung im Fürstl. Schloß streitig gemacht wurde, begab sie sich nach Gotha an den Hof Herzogs Friedrichs, als ihres Curators, um daselbst in ihren Bedrängnissen Schutz zu erhalten.

Der Herzog verfehlte auch nicht, sich treulich ihrer anzunehmen, und beauftragte unterm 26 Novbr. 1690 den Dr. der Rechte und Hofadvokat Christian Hieronimus Mühlenpfort, der Herzogin in deren Angelegenheiten überall mit Rath an die Hand zu gehen und beizustehen, besonders aber dahin zu sehen, daß selbige bei dem ergriffenen Posseß ungekränkt gelassen werde.

78
80

Die die Vorstellung aber unberücksichtigt blieb, erfolgte unterm 9. März 1691 ein anderweites Schreiben, welches wörtlich dahin lautete:

„Ew Lbd. erinnern sich, was Wir an Dieselben wegen der Herzogin zu Jehne Lbd. suchenden Antheils und Gerechtsame an Dero Väterlichen und Mütterlichen, wie auch Ihres Bruders Erb- und Verlassenschaft, sowohl Dero übrigen, besonders bei Ew. Lbd. und der Jehnaischen Cammer habenden Ansprüche halber zu verschiedenenmahlen sowohl schriftlich als durch Ihren Consulenten Dr. Mühlpforten, mündlich gelangen lassen. –

Ob Wir nun wohl in Hoffnung gestanden, es würde Ihrer Lbd. einsten die Billigkeit widerfahren, inzwischen auch die nöthige Subsistenz-Mittel verschaffet worden seyn; so vernehmen wir jedoch, daß weder eins noch das andere erfolget, und Ihre Lbdn. zu nicht geringen Despect des Fürstl. Hauses ohne eignen Unterhalt gelassen werde, daher Wir als Ihrer Lbd. Assistent nicht umhin gekönnt, Ew. Lbd. hiermit ferner zu ersuchen, Sich wegen Ihrer Lbd. praetensorum

81 dereinsten mit Ihrer Erklärung gegen gedachten Dr. Mühlen-
pforten, welchem wir deßhalber Ihrer Lbd. zum Beistand zu-
geordnet, zur ganzen Sache bevollmächtiget, und jetzo nochmals abgeschicket, dergestalt zu erklären, alß es die Billigkeit
erfordert. Zumahlen aber ohne weitern Anstandt zu verfügen, damit Ihrer Lbd. mit obberührten dero habenden besondern unstrittigen Forderungen an die Handt gegangen werde,
damit Sie davon Ihre Fürstl. sustentation nehme, und nicht
allen hohen Anverwandten zum despect wegen Mangels be-
höriger Verpflegung, sich von einem Ort zum andern begeben müsse. *)

Wir versehen Uns zu Ew. Lbd. aequanimitaet des wirkli-
chen Erfolgs, und verbleiben, Deroselben freundvetterlich
zu dienen jederzeit beflissen. Datum Friedenstein den 9ten
Marty 1691.“

Von Gottesgnaden F r i e d r i c h Hertzog zu
Sachsen ꝛc. ꝛc.

Die Herzogin prätendirte theils aus der älterlichen, theils
aus der brüderlichen Verlassenschaft folgendes:

1) Alle vom Herzog Bernhard als ihrem Vater, hinterlas-
80 senen Mobilien und Inventarienstücke auf den Schlössern
82 und Aemtern, als ihr im fürstväterlichen Testament vermacht,

2) daß ihre eigenthümlichen, und im Schlosse zu Jena zu-
rückgelassenen Mobilien von den brüderlichen separirt, und
ihr ausgehändigt werden,

3) die Rückzahlung der Jenaischen Cammer-Capitalien,
worüber sie die expresse Hypothek aufs Amt Jena habe,

4) zufolge des mütterlichen Testaments aber, nahm sie
besonders bei dem eingetretenen Todesfall des jungen Herzogs in Anspruch:

16000 Rl. an Geld,

---

*) Wirklich hielt sich die Herzogin damals zu Ringleben, einem Gothai-
schen Orte auf.

6000 Mfl. an Silbergeschirr,
4000 Mfl. an Tapeten im fürstl. Schlosse zu Jena, und
3000 Mfl. an dem Ballhause zu Jena,

und als leibliche Schwester des verblichenen jungen Herzogs, alle fürstbrüderlichen Mobilien und Allodialien, so wie Alles, was derselbe an verpfändeten Gütern oder Obligationen eingelößt habe. Sie gründete ihre Ansprüche darauf, daß die Jenaischen Lande ohne die Steuern, jährlich 22500 Mfl. und darüber abgeworfen, der seelige Herzog aber, als minderjährig, gar sehr eingeschränkt gewesen sey, und dadurch Ersparnisse vorhanden wären; an diesen, von ihr in Anspruch genommen werdenden Gegenständen aber, den Landesnach- 81 folgern nach einem klaren, zu Weimar 1662 aufgerichteten 83 Recesse, nicht das mindeste Recht zustehe.

Der besondere Betrag ihrer, an ihren abgeschiedenen Gemahl, den Herzog Wilhelm Ernst zu Weimar habenden Forderungen bestand in:

16000 Rl. Ehegeld,
 1200 - Vorzugszinsen davon,
 1400 - versprochenen aber nicht entrichteten Morgengabsgelder von 1683 bis 1690,
 7000 - Dienerbesoldung, Kleider- und Handgelder, da der Herzogin sieben Jahr, während bestandener Ehe, nichts gegeben, und sie noch ein weit mehreres aus ihren Mitteln habe aufwenden müssen,
 715 - Paraphernalgelder,
 550 - so der Herzog an Cammer-Capitalien bei der Cammer zu Jena habe einheben, und ihr an Alimenten habe zurechnen lassen, während sie zu Weimar arretirt gewesen von 1689-1690.

Außerdem nahm sie noch mehrere Paraphernalien an Ringen, Kleidern, Silberwerk und Mobilien, welche letztere der Herzog Johann Ernst von ihrem Gute Porstendorf heimlich weg, und in das Weimarische Gebiet habe schaffen lassen: in Anspruch.

Einen besondern Anspruch stellte sie auch noch an das Haus Sachsen Eisenach, auf Zurückgabe von Zehntausend Thalern für einen Schmuck, welchen der verstorbene Herzog Johann Georg, als ihr damals gewesener Vormund so hoch angeschlagen und ihre, eben so hoch sich belaufenden Schmuckgelder, aus der fürstlichbrüderlichen Cammer baar eingezogen habe, da doch dieser Schmuck, wie man sagt, nicht 3000 Thaler werth, und sie bereit sey, solchen wieder zurückzugeben, jemehr auch ohnehin ihr solcher nichts nütze, un der Kaufcontract inter tutorem et pupillam zu Recht nicht beständig wäre.

Neben diesem Allen führte die wirklich bedrängte Herzogin in ihrem, den desfalls zu Jena wegen der Verlassenschafts-Angelegenheiten anwesenden Herzogl. Weimar- und Eisenachischen Deputirten, übergebenen Memorial der Wahrheit gemäß an: daß sie endliche Regulirung dieser ihrer Ansprüche erwarte, da sie vom November 1690 bis dato, (den 6 Juli 1691) von ihren Ehe- Cammer- und Paraphernalgeldern nicht einen Thaler habe erlangen können, so daß sie sich von den Creditoren, die gleichfalls auf Anweisung nichts hätten erhalten können, habe müssen schimpflich mahnen lassen, an gehörigen Alimenten habe Noth leiden, und mit Distratirung ihrer Prätiosen, sich habe in Schulden stecken müssen.

Auf dieses Wiederangehen der Herzogin, kamen zwar bei den Herzogl. Commissären diese Ansprüch in Unterhand-
lung, aber keineswegs fand eine gütliche Beseitigung statt; vielmehr wurden von beiden Theilen Schriften gewechselt, und von den Herögen neben andern, hinsichtlich der Ansprüche der Herzogin an der brüderlichen Verlassenschaft, eingewendet: daß sie, (die Herzogin) bei ihrer Verheiratung, auf den Fall, wenn ihr Durchlauchtigster Bruder gegen Verhoffen ohne Leibeserben versterben sollte, sich nicht nur dessen Verlassenschaft begeben habe: sondern sie auch, vermöge des Hausesherkommens, wenn sie schon im ledigen

Stande verstürbe, aller väterlichen und brüderlichen Succession unfähig sey, und sich bloß mit den Alimenten begnügen müsse.

Da während des Ganges dieser Sache die Herzogin ihren Unterhalt lediglich von den Herzogl. Hause Gotha genoß, und von dessen Seite beträchtliche Vorschüsse bereits geschehen waren; so setzte selbige, wegen der zu leistenden Rückzahlung, sowohl ihr freies Erblehngut Porstendorf und Neuengönne, als die, an dem Herzog Wilhelm Ernst zu Weimar zu fordern habenden Sechszehntausend Thaler Ehegelder und ihr ganzes Vermögen, unterpfändlich ein, und stellte darüber ein, von einem Notarius, Namens Johann Georg Müller und zwei Zeugen, Christian Hieronimus Mühlenpfort und Johann Christoph Laurentii, unterschriebenes Bekenntniß, unter dem Datum, Ichtershausen, den 4. Octbr. 1692 84 86 aus. Zu dieser Zeit wurde die Herzogin wegen ihres Gutes Porstendorf und Neuengönne, in einen neuen Zwist mit dem Herzog Wilhelm Ernst verwickelt, und will ich dessen hier kürzlich gedenken.

Unterm 10 Octbr. 1691 hatte die Herzogin über dieses Gut mit dem Herzogl. Weimarischen Hof- und Consistorialrath, Joachim Schäffer auf drei Jahre mit Zwanzigtausend Thaler einen Wiederkaufscontract dahin abgeschlossen: daß, wenn der Frau Verkäuferin nach Verlauf dieser drei Jahre die darauf bezahlte Summe erstattet werde, derselben er das Gut mit allen Pertinentien und den Inventarienstücken wieder abtreten wolle, mittlerer Zeit aber bei Verlust des Kaufpretii solches keinem andern überlassen werden solle.

Dieser Uebereinkunft war aber gedachter Hof- und Consistorialrath Schäffer keineswegs nachgekommen, sondern hatte vielmehr das Gut heimlicherweise an den Herzog Wilhelm Ernst abgetreten, und dieser solches unter militätischer Bedeckung in Besitz genommen, bei dem Churfürstl. Sächß.

Lehnhof zu Dresden eine Confirmation dieser Cession ausgewirkt, und alle, in den Gutsgebäuden befindliche Mobilien weg, und nach Niederroßla schaffen lassen.

Ein solches widerrechtliches, gewaltsames Benehmen, und da jedes gütliche Angeben an den Herzog Wilhelm Ernst fruchtlos war, bestimmte die Herzogin, sich an den Kaiserlichen Hof zu wenden, um daselbst Hülfe und Beistand zu suchen.

Der damalige Kaiser, Leopold der I ertheilte dem Landgraf von Hessen-Cassel unterm 2 Mai 1693 Auftrag, in dieser Angelegenheit wo möglich ein gütliches Abkommen zu treffen, und falls solches nicht zu erreichen seyn sollte, dem Kaiserlichen Hofe förderlich zu berichten. *)

Der Erfolg der diesfalsigen Verhandlungen war, daß die Herzogin diesen Wiederkauf in einen Erbkauf verwandelte, und mit Herzog Wilhelm Ernst einen Kaufcontract deshalb abschloß. Allein auch dieser wurde wieder aufgehoben, weil Herzog Johann Georg zu Eisenach wegen des vorhandenen Fideicommisses aus dem Testament der Herzogin Mutter Widerspruch that.

Vermöge dessen bekam die Herzogin das Gut wieder zurück, und verkaufte solches das Jahr darauf, nach, vom Herzog Johann Georg zu Eisenach unterm 28 Februar 1694 erfolgter Einwilligung an den Sachsen-Eisenachischen Geheimenrath und Hofmarschall, Georg Ludwig von Wurmb für 32000 Mfl.

Allein dieser Gelder wurde die Herzogin, wie man zu sagen pflegt, keineswegs froh, indem nicht nur Sachsen-Gotha 6128 Thaler oder 7000 Mfl. in Abschlag auf die vorgeschossenen Alimentgelder in Anspruch nahm, sondern auch 22017 Thlr. an außerdem contrahirten Schulden und davon erwachsenen Zinsen abzutragen waren.

---

*) Das Kaiserliche Commissariale spricht sich desfalls dahin aus: daß diese Confirmation des Kaufs sub et obreptitie ausgewirkt worden sey.

Bei diesen Umständen, und da die gemachten Ansprüche der Herzogin noch immer keine Erledigung erhielten, konnte es nicht fehlen, daß die Lage derselben immer mißlicher wurde. Solche zu heben, verwendete sich der Herzog Friedrich zu Sachsen-Gotha abermals für selbige, und ließ zeigen, wie folgende Ansprüche ganz außer Zweifel wären, als:

1, die Ehegelder,

2, ein Diamantenring an 1142 Mfl.

3, die Morgengabgelder mit 1600 Mfl. auf 7 Jahre laut der eigenhändigen Verschreibung des Herzogs Wilhelm Ernst, indem dieser solche genossen, dennoch aber die Herzogin, als seiner Gemahlin, obschon die Ehe noch bestanden, wenig oder gar nicht veralimentirt habe, sondern sie genöthigt gewesen, ihre Cammer-Capitalien zu Jena anzugreifen und aufzunehmen;

4, 628 Mfl. 12 gr. so Herzog Wilhelm Ernst von deren Cammer-Capitalien habe heben lassen,

5, das Ballhaus an 3428 Mfl. 12 gr.,

6, 6108 Mfl. 7 gr. 6 pf. an fürstmütterlichem Silbergeschirr,

7, 4132 Mfl. 12 gr. an fürstmütterlichen Tapeten,

8, 18285 Mfl. 15 gr. an fürstmütterlichem Ehegelde, und wurden zwar die vier letztern Gegenstände durch das mütterliche Testament vom Jahre 1682 und den brüderlichen Receß von 1682 begründet; dessen ungeachtet aber war ein gütliches Abkommen nicht zu erreichen.

87
89

Wie groß das Bedrängniß der Herzogin Charlotte Marie gewesen sey, davon giebt sowohl ein vor mir liegendes Verzeichnis einer Menge Prätiosen und Effecten, welche sie theils zu Halberstadt, theils zu Hamburg hatte versezzen lassen, als eine Bittschrift ihres gewesenen Oberhofmeisters, von Uechteritz, an den Herzog von Gotha, einen Beweiß; indem hierin derselbe sagt: „wie ihm, da die Herzogin blos wegen einiger Erinnerungen, die er wegen ihres Thuns und Lassens gethan, ihre Ungnade auf ihm geworfen habe, nichts übrig sey, als an den Durchl. Herzog sich zu wenden, und unterthänig zu bitten, daß Höchstderselbe sich bewogen finden möge, an die Friedensteinische Rent-Cammer Befehl dahin ergehen zu lassen, daß ihm die, unter der Herzogin Fürstl. Hand und Siegel versicherten 1400 Rl. zurückgezahlt, so wie auch das Erforderliche seiner, für sie zu Hamburg versetzten Kleider und andere Sachen wegen, gereicht werde."

Um wenigstens die Herzogin in eine Standesmäßige Verfassung zu setzen, kam zwischen derselben und dem Gothaischen Herzog Friedrich, im Jahre 1693, ein Alimentenvertrag zu Stande, vermöge welchem erstere ihre sämmtlichen, an Weimar und Eisenach habenden Forderungen, letzterm, und dessen Successoren abtrat, das Herzogl. Hauß Gotha aber ihr die Residenz auf einem Herzogl. Schlosse oder Hauße nebst standesmäßigen Meubles zusicherte, so wie eine Alimenten-Summe von 3000 Rl. jährlich verwilligte, welche quartaliter aus derjenigen Rentamts-Casse, wo die Herzogin residire, erhoben werden sollte, und überdies auch die Bezahlung der höchst dringenden Schulden, so wie der restirenden Dienerbesoldung, bis zur Schließung des Vertrags und die Einlösung der zu Hamburg, Erfurt und Halberstadt versetzten Prätiosen übernahm.

Auf Ansuchen erhielt sie die Verwilligung, ihren Aufenthalt zu Tonna zu nehmen, und heißt es zwar in der Antwort auf deren Antrag, d. d. 2 Novbr. 1701, von welcher ich eine Abschrift besitze, folgendergestalt:

„Der Herr G. H. Rath sind endlich zufrieden, daß die Reise nach Tonne bewerkstellt werden möge, und werde der Effect darüber zu erwarten seyn. Gelder vor die Herzogin mit zu nehmen oder bei dem Amts-Voigt zu erheben, und der Herzogin über die nöthigen Alimente zu geben, würde fast unnöthig und undienlich seyn, weilen doch selbige sofort würden verschenkt und unrecht angewendet werden, doch könnte allenfalls nach Befinden etwan 25 Thaler aufgenommen, und als aus eigner Bewegniß der Herzogin gegeben werden. Wegen der Wochengelder sey der Amtsvoigt zu bedeuten, selbe wie bisher künftig zu praenumerien."

Hieraus, und wenn der Herzogin zum Vorwurf gemacht wird, daß sie die ihr selbst nöthigen Gelder verschenke, geht hervor, daß sie wohl zu gutmüthig gewesen seyn mag; außerdem wurde sie auch noch sonst beschränkt gehalten, welches daraus sich abnehmen läßt, da über die vom Rentamtsvoigt wöchentlich verabreichten Gelder zur Küchenhaushaltung, auch wöchentlich, unter Angabe der erkauften Speisen, Rechnung abgelegt werden mußte. *)

Da inzwischen die Ansprüche der Herzogin an ihrer elterlichen und brüderlichen Verlassenschaft, immer noch nicht zu einer Entscheidung gelangt waren, so wendete sich dieselbe, mit Vermittlung des Gothaischen Hofs, im Jahr 1701 an den Kaiser, und von hieraus bekam der postulirte Administrator des Stiffts Naumburg, Herzog Moritz Wilhelm von Sachsen Zeitz Auftrag, die Sache in gütliches Verhör zu ziehen und den Erfolg an Kaiserl. Majestät zu berichten.

Der delegirte Herzog Moritz Wilhelm subdelegirte seinen Geheimenrath und Kanzler, Christoph Artopäus, die bereits angefangenen, gütlichen Tractate fortzusetzen, und lud in Krafthabender Kaiserl. Commission beide Theile, nemlich den Herzog Wilhelm Ernst zu S. Weimar und den Herzog Johann Wilhelm zu Eisenach, so wie die Herzogin Charlotte Marie ein, den 1 Decbr. 1701 zu Erfurt im Gasthof zum Propheten, vermittelst eines, mit hinlänglicher Instruction versehenen Bevollmächtigten, zu erscheinen, um wo möglich eine gütliche Beseitigung zu bewerkstelligen. Allein auch diese Verhandlung war, so wie alle früheren, fruchtlos, und so

---

*) Dergleichen Rechnungen habe ich im Original aus denjenigen Manuscripten, welche ich aus der hiesigen Universitäts-Bibliothek durch Güte mitgetheilt bekommen habe, wirklich gesehen, und solche geben zu erkennen, daß auf den Tag 3 Thaler für Speise angenommen worden sind.

geschah es, daß die Herzogin das Ende dieser Sache, welche ihr so viele traurige Stunden verursacht hatte, nicht erlebte, indem sie im Jahre 1703 zu Tonna in einem Alter von 34 Jahren starb, und auch daselbst, ihrer Anordnung gemäß, obschon ohne Gepränge, doch standesmäßig, beigesetzt wurde.

Nach deren Hinscheiden ist, wie ich nur aus Bruchstücken eines Manuscripts entnommen habe, zwischen dem Herzogl. Haiße Sachsen-Gotha, und den Herzogl. Häußern Sachsen-Weimar und Eisenach, da das erstere, (Sachsen-Gotha) seine bedeutenden, zur standesmäßigen Unterhaltung der Herzogin gemachten Vorschüsse darthat, ein Vergleich zu Stande gekommen, und durch solchen, wie bei so vielen wichtigen und schwierigen Rechtshändeln, das Ende herbeigeführt worden.

Die Herzogin war von angenehmer Bildung, gutem Wuchs und mittler Statur, ihr Betragen einnehmend, und gewiß würde sie eine der besten Gattinnen geworden seyn, wenn sie bei ihrer zu frühen Verheirathung einer mildern Behandlung und Leitung theilhaftig geworden wäre.

Die traurigen Verhältnisse, welche den größten Theil ihres Lebens ausfüllten, hatten ihr in den letzten Jahren eine immerwährende Kränklichkeit zugezogen, und ihr frühzeitiges Scheiden von dieser irdischen Welt, - welche so manchen Menschen nichts als Leiden zu Theil werden läßt, - befördert. Ruhe mit ihrer Asche!

Urkunden

zur

Geschichte

der

erloschenen Herzogl. Jenaischen Linie.

No. I.

Testament Herzog Bernhards des Aeltern.

Im Nahmen der Heiligen hochgelobten Dreieinigkeit, Gottes des Vaters, Sohnes und Heiligen Geistes, Amen.

Demnach von Gottes gnaden Wir Bernhard der Aeltere, Herzog zu Sachßen, Jülich Cleve und Berg, Landgraf in Thüringen, Marggraf zu Meißen, Gefürsteter Graf zu Henneberg, Graf zu der Mark und Ravensberg, Herr zu Ravenstein ꝛc., zwar noch bei unsern besten und vermögenden Jahren, auch unter Leibesgesundheit, jedennoch in ansehung geschwinder Menschlicher Zufälle und täglich einem jeden bevorstehender Sterblichkeit die letzte Stunde unsers zeitlichen Lebens, christlich bedenken, und für Augen haben; So werden Wir bewogen, nach Zulassung der Rechte, auf solchen Fall unsern letzten Willen zu erklären, und damit bey denen von Uns hinterlassenden Fürstlichen lieben angehörigen, auch Land und Leuthen wie uns die von Gott anvertrauet worden, gute richtigkeit zu stifften, wie hiernach folget:

Erstlich zwar gedenken Wir durch Beistand des heiligen Geistes, in der Christlichen wahren Evangelischen Religion wie solche in Göttl. heiliger Schrift Altes- und Neuen-Testament geoffenbaret, und in der ungeänderten Augsburger Confession und andern unserer Evangelischen Lutherischen Kirchen symbolischen Büchern begriffen, bis an unser seliges Ende, unverenderlich zu bestehen, und darinnen mit festen glauben, auf unsern Heiland Christum Jesum dermahleinst abzuscheiden, damit wir dann unsere Seele zu treuen Händen befehlen; Unser Fürstl. Begräbniß aber sonder alle unnöthige Weitläufftigkeiten und Kosten, unser Fürstlich Successorn zu bestellen und auszurichten, hiermit recommendiret haben wollen. Zu Bezeigung Unsers Christlichen guten Willens gegen das Armuth haben Wir noch zu ende dieses Unsers Testaments auf einen gewissen fall eine Disposition und verordnung gethan, darauf Wir Uns beziehen.

Zum Andern, und was die Succession und Erbschaft anbetrifft, erinnern Wir Uns, was es mit Unsern Antheil Landes, wie Wir den im ano 1672 nach geschehenen Altenburgschen Anfall, aus der zwischen Uns und unsern freundlich _99 geliebten Herren Brüdern getroffenen fürstbrüderlichen Erblichen Haupt Landesvertheilung völlig erlangt, nach denen Kaiserl. Investituren und in Kraft unsers in Gott ruhenden Herrn vaters Fürstl. Testaments auch darauf erfolgten fürstbrüderlichen Hauptvergleichs, und dessen fernere Erklärungen und Nebenverträgen für eine Bewandniß habe, dabei Wir es auch allerdings bewenden lassen, Wollen aber gleichwohl unsern einigen Sohn, den Durchl. Fürsten, Herrn Johann Wilhelm, Herzog zu Sachsen, Jülich Cleve und Berg, als welchen Uns Gott aus unserm Fürstl. Ehebette allein übrig gelassen, hiermit honorabili institutionis titulo zu unserer universal Erbschaft und Succession vocirt haben, Ihnen darbey die Beständigkeit in der Christlichen wahren Religion, Gottseligen Fürstl. Wandel, gerechtes Regiment und eingezogenen nüzlichen Hoff- und Haushalt väterlich anbefehlend. Dieweil uns auch zum

Dritten Gott der Herr in diesem unsern Fürstl. Ehestande ein einig Fräulein Tochter Princessin Charlotte Maria, Herzogin zu Sachßen, Jülich Cleve und Bergk ꝛc. Beschehret, lassen wir es Wegen dero Ausstattung und Versorgung, Bey der Vorangezogenen pactorum Verordnung und disposition Gleicherstalt beruhen, Wollen und verordnen aber

Zum Vierden, da Wir Zeit unsers Absterbens obgedachten unsern Sohn noch unmündig oder münderjährlich _100 Verlassen würden, daß die Durchl. Fürstin, unsere Fürstl. Herzgeliebste Gemahlin, Frau Marie Herzogin zu Sachßen, Jülich, Cleve und Bergk, gebohrene Herzogin de la Tremouille

etc., Landgrävin in Thüringen, Markgrävin zu Meißen, ge-
fürstete Grävin zu Henneberg, Grävin zu der Mark und
Ravensbergk, Frau zu Ravenstein ꝛc. besagten unsers geliebten Sohnes, wie izt benennter Tochter Vormünderin sein sollen, Soviel nehmlich die auferziehung, Pflegung und Wartung
unserer Fürstl. Kinder, auch den respective darzu gehörigen
Hoff- und Haushalt belanget, und mir der maße, daß Ihre
Lbd. in puncto religionis unsern Ehepacten allerdings nachle-
ben, und unsre Fürstl. Kinder in keiner andern, als der oben
bemerkten, unserer Christlichen Religion Ausgburger Confession wie sie in diesem Lande durch Gottesgnade in übung ist,
Aufferziehen, Dero Hoffmeister Praeceptores und Secreta-
rien auch aus solcher Religions Verwanthen bestellen und in
beysein des Herrn Vormundes von welchem bald folgen
wirdt, mit dem juramento reliogionis belegen lassen, auch in
wichtigen Dingen mit ermelten Herrn Vormund fleißig communiciren, und niemahlen ohne dessen Rath und Vorbewust
verfahren sollen; In maßen denn Ihre Lbd. alß wir Ihr diese
unsere disportion eröffnet, sich dazu willig erklähret, auch vor
101 Antretung der Vormundschaft, sich gegen gedachten Mitvor-
munde, also in Schriften erklären werden. So viel aber

Zum Fünften die Regierungs- Landt-Consistorial- und
Cammersachen belanget, wollen Wir hiermit zum Vormund
unsers geliebten Sohnes ersuchet undt instituirt haben, den
Durchlauchtigen Fürsten, unsern freundl. gel. ältern Herrn
Bruder, Herr Johann Ernsten, Herzogen zu Sachßen, Jülich
Cleve und Bergk ꝛc. oder da Zeit unsers sel. Absterbens Sr.
Lbd. (daß doch Gott gnädig verhüte) nicht mehr am Leben
seyn würde, den gleichfals Durchlauchtigen Fürsten, unsern
freundl. geliebten Herrn Vetter, Fürstl. Gothaischer Linie,
Herrn Friedrichen, auch Hertzogen zu Sachßen, Jülich Cleve
und Bergk ꝛc. als zu dessen Lbd. wir hierunter nicht weniger
ein sonderbahres gutes Vertrauen tragen, solchergestalt undt
also, daß Ihre Lbd. unsere Praesident, Räthe, Beambte und
Bediente, die Wir Zeit unsers Absterbens Verlassen werden,

außer sonderbahren, rechtmäßigen und erheblichen Uhrsachen nicht verendern, sondern bey ihren Würden und Diens-
ten lassen, Oder da in Veränderung sich zutragen müßte, solche mit Communication zu thun, und genehmhaltung unserer
herzliebsten Gemahlin, von neuem tüchtig bestelle, sondern
aber insgemein dahin trachten, daß mehrerwähnten unsers
Sohnes Landes Fürstl. jura und Befugnüß, in Reichs- Creiß-
Pollicey- Regierungs- und andern davon dependirenden
Geist- und weltlichen Sachen, unserer Fürstl. Brüderlichen <u>102</u>
Haupttheilungs-Verträgen de annis 1672 und 1673, wie auch
de bißherigen kundbahren Herkommen gemäß, unverrückt
erhalten werden mögen. Nachdem auch

Zum Sechsten vor Hochermelte unserer Frau Gemahlin Lbd. es umb uns mit treuer ehelicher Liebe undt freund-
schaft anders nicht meritiret, als daß wir Ihr Lbd. fürstliche
Versorgung, nach allen unserm Vermögen undt so weit Wir
Rechtswegen befugt sein in obacht ziehen, so beruffen Wir
uns zwar zufördert auf unsere Ehepacten und Leibbe-
dings-Verschreibung, wie auch auf unsern freundbrüder-
derl. Vertrag, Kraft dessen, auf den fall Keine Fürstl. Lei-
bes-Erben Vorhanden, daß ordentliche undt verschriebene
Leibgedinge noch Jährlich mit tausend Thaler verbessert
werden soll, dessen alle Ihre Lbd. billig auf solchen Fall zu
genießen, es Verbleibet auch ihrer Lbd. und wird dero billig
vergnüget, was sie von ihren eigenen mitteln erkaufft, undt
was sie uns selbst oder andern, laut habender Bekenntnüsse,
geliehen. Hierüber aber wollen Wir, auf den fall Wir Keine
Fürstl. Kinder Mann oder weiblichen Geschlechts, verließen,
oder auch diese nach unß versterben solten, in ansehung Vor-
ermelter ehelicher Lieb treue, die Ihre Lbd. auch in Sonder-
heit mit aufrichtung eines Testaments und Verschaffung dero
sonst rückfallenden Ehegeldtes und usus fructus dero para- <u>103</u>
phernal-mittel, unß und respective unserm Fürstl. Haiße und
Herren Brüdern erwiesen, deroselben nicht allein hiermit alle
Mobilia und Inventaria, der Zeit unseres oder auch izt gedacht

unserer Fürstl. Kinder nach Uns erfolgten Absterbens in unserer resitenz-Wohnung und aufenthalt, auch in Ambthäusern und Vorwerken sich befinden werden, sondern auch Ihr Lbd. zu fernerer Besserung ihrer Leibzucht jedoch nur auf dero Leben, den usum fructum oder Nißbrauch unseres, vor der Stadt alhier neu aufgerichteten Schenkkellers, in gleichen der Ziegelhütten und des Kalkofens legiret haben, solchen als Ihr Lbd. Eigenthumb, zu sich zu nehmen, zu verbrauchen und zu verwenden, Darbei wir jedoch

Zum Siebenden Ihr. Lbd. ersuchet haben wollen, nach gelegenheit und Werth solches legati christ. erwegung Sive per ultimam voluntatatem sive per donationem inter vivos ihrer Willkühr nach etwas davon als ohngefehr den Fünftentheil ad pias causas in diesem unsern Jenischen Landesantheil zu stifften, und zu verordnen.

Zum Achten, wollen Wir auf den Fall, wenn unsere Frau Gemahlin Lbd. unsern todesfall nicht erleben, offt berührter unser Sohn auch vor uns mit tode abgehen sollte, alle unsere Mobilia und Inventaria unserer Fräulein tochter, Princessin Charlotta Maria hier nechst überlassen und vermacht, und dafern diese alsdann gleichfalls nicht mehr am Leben sein würde, dieselbe nachgehends erst unsern Herren Brüdern und Landes-Successoren legirt haben; Jedoch daß sodann deductis deducentis, Obige stifftung ad pias causas einen Weg als den andern erfolgen sollen. Endlich undt

Zum Neunden ersuchen Wir den Durchlauchtigen Fürsten unsern freundlich geliebten Vetter und Gevatter, Herrn Georg Wilhelm, Herzog zu Braunschweig und Lüneburgk, wie auch den Durchlauchtigen Fürsten, unsern auch freundlich geliebten Vettern und Gevattern, Herrn Ludwigen Landgraven zu Hessen, Fürsten zu Hirsfeld, Graven zu Katzenelbogen, Diez Ziegenhein, Nitta und Schaumburg, oder in fall Ihre Lbd. sodann nicht mehr am Leben sein würden, Dero Zu Darmstadt regierenden äl-

104

testen Herrn Sohn, daß Ihre Lbd. Beiderseits als executores dieses unsers Testamentes alle dasjenige effectuiren und handhaben lassen mögen was Wir darinnen allenthalben verordnet und disponiret, die Vergeltung solcher mühe von dem allgütigen Gott von den unsrigen alle schuldige Dankbarkeit erwartende.

Zu uhrkund und steter festhaltung dessen allen haben Wir dieses unser Testament Welches allenfalls in vim fideicommissi, et codicilli, aut donationis mortis causa, item reciprocae et remuneratoriae so viel unsere Fr. Gemahlin betrifft, gelten solle, mit eignen Händen auf allen Blättern unterschrieben und besiegelt, sodann durch gerichtl. insinuation, wie hiernächst absonderlich zu befinden sein wird, bekräftigen lassen.

So geschehen, Jena den 18 tag Marty im Sechshundert und acht und siebenzigsten Jahre.

105

Bernhard H. z. S.

(L. S.)

Daß vorstehende Abschrift mit ihrem wahren original nach fleißig verrichteter Collationirung in allem gleichlaudend und einstimmig befunden worden, Bezeuget der F. S. Jenische Cammer- und Consistorial-Secretarius

Adam Dressel.

II.

Vergleich

sowohl wegen des verordneten Leibgedings und Witthums
der verwittbeten Gemahlin des Herzogs Bernhardt, Maria,
geb. Herzogin von Tremouille ꝛc. als auch wegen christf. Auferziehung der beiden hinterbliebenen Fürstl. unmündigen
Kinder, Johann Wilhelm Herzog zu Sachsen und Princessin
Charlotten Marien Herzogin zu Sachsen ꝛc. ꝛc.

Demnach uft erfolgten Todesfall und eröffnetes
fürstväterliche Testament des Weiland Durchlauchtigsten Fürsten und Herrn, Herrn Bernhards des Aeltern,
Herzogs zu Sachsen, Jülich Cleven und Bergen, Landgrafens
zu Meißen, gefürsteten Grafens zu Henneberg, Grafens zu
der Mark und Ravensberg, Herrn zu Ravenstein ꝛc. Christsee-
ligsten Andenkens, die hohe nothdurft erfordert, zwischen

dem Durchlauchtigsten Fürsten und Herrn, Herrn Johann
Ernsten, Herzogen zu Sachsen, (tot. tit.) in obhabender
Vormundschaft, und der gleichfalls Durchlauchtigsten Fürstin und Frauen, Frauen Marien, Herzogin zu Sachsen, Jülich, Cleve und Berg ꝛc. geb. Herzogin zu Tremouille ꝛc. (tot.
tit.) Wittiben, sowohl wegen dero verordneten Leibgedings
und Wittums, alß auch christfürstlicher Auferziehung
dero beiden hinterbliebenen Fürstl. Unmündigen Kinder,
Herrn Johann Wilhelm, Herzogs zu Sachsen und
Princessin Charlotten Maria, Herzogin zu Sachsen ꝛc.
Handlung zu pflegen, und etwas bey Zeiten in beständige
gute Richtigkeit zu bringen. Als ist heute acto hierzu in Got-
tesnahmen geschritten, das Werk von beyderseits hierzu deputirten untersuchet, und endlichen durch mühsame und
vielfältige remonstration der Fürstl. Vormundschafts-Regie-
rung allhier, folgender Vergleich, wohlbedacht und verbindlich getroffen worden.

Erstlichen, Soll es bei denen am 9. Juny 1662 hiebevor aufgerichteten Ehe-Pacten, sowohl der darauf am 2 August 1670 erfolgten Leibgedings-Verschreibung, und dem am 18 Marty datirten, und den 3 May dieses Jahres publicirten fürstväterlichen Testament, auser in denen puncten, worüber man sich in diesem Recess aus beweglichen uhrsachen, eines andern verglichen, allerdings ungeändert verbleiben, und weil obsonderlich der Fürstl. Frau Wittiben Durchl. das Residenz-Hauß, Amt und Stadt Jehne und Burgau mit allen pertinentien und Zugehörungen, auch gerichten, Gerecht und gerechtigkeiten, in civilibus und Criminalibus, ohne alle Beschwerung zum Fürstl. Wittumb beständig verschrieben, so soll die ohnfehlbare Verfügung geschehen, daß straks nach der Erb-Landeshuldigung der Verwittibten Herzogin Durchl. die Beamten, Rath und Bürgerschafft sammt den Unterthanen dieses Wittumbs Amts neben Vier von Adel so sie selbst nahmhaftig machen werden, angewiesen, und nach dem dißfals Verglichenen Zu endangehengten Geheiß Brieff und Eydes-Formul Lit. A in Wittumbs-Pflicht übergeben werden sollen; Damit aber bei exercierung der jurisdiction allerhand confusion, unkosten und andere mehre ungelegenheiten, in dem verschriebenen Wittumb verhütet werden mögen, hat erst höchstgedachte Herzogin dieselbe, und deren administration, sammt der zugehörigen Strafen und Bußen, des Fürstl. Herrn Vormundts Durchl. gänzlich überlassen, doch dergestalt, daß der Fürstl. Frau Wittiben Durchl. Ihre Fürstl. Wittumbs-Bediente und Gesinde sowohl bey Hoffe, als in der Stadt, wenn Sie was verbrochen, gebührend bestrafen möge. Immaßen dieselbe erbötig solche anstalt zu machen, damit sich niemand darüber mit Fug zu beschweren, noch die hohe Landesobrigkeit über Vermuthen, uhrsache habe, auf beschehene unterthänigste imploration, was billig und Recht ist, durch dero verordnete Regierung allhier zu verfügen, Wofern aber izt erwehnte Personen, wegen Schulden, letzten Willen, güter und dergleichen Klag-Sachen belanget würden, sind dieselbe angehörigen ordentlichen orthen zu stehen schuldig, jedoch daß vorhero der Fürstl. Frau Wittiben, wenn es keine Bürger allhier sind, davon notification geschehen, und ist Ihrer Durchl. sodann freygestellet, jemanden der Ihrigen denen Amtsgerichten zu adjungiren. Wenn aber über Verhoffen von diesen Personen etwas begangen werden sollte, so in die Obergerichte gehörig, hat das Fürstl. Amt Jehna, darinnen gebührend zu verfahren, jedoch soll niemand auß dem Schlosse ohne der Fürstl. Frau Wittiben Vorbewußt, abgeholet werden. Es werden aber Ihre Durchl. bey dergleichen unverhofften Peinlichen Fällen, die Verbrecher abfolgen zu lassen, sich nicht weigern.

Zum Andern, damit der Fürstl. Vormundschafft die vires heriditatis umb so viel mehr Kund werden, Alß ist nicht allein allbereit, die Verordnung geschehen, daß die Verfertigung eines Haupt-Inventarii über alles, was in diese Fürstl. Jehnische Portion gehörig, und Ihre Fürstl. Durchl. hochsel. Andenkens hinterlassen, durch gewisse, hierzu absonderlich vereydete Personen, ungesäumt ins Werk gerichtet, sondern auch aus demselben ein richtiges Wittumbs-Inventarium über das vorhandene Hausgeräthe und Mobilien, (denn der Victualien und Fourage halber hat man sich beym dritten punct anderergestalt verglichen,) extrahiret, in duplo Verfertigt, und unterschrieben werden soll. Und damit angeregtes Wittumbs-Inventarium desto besser erhalten, auch den unmündigen Prinzen zu nutz, nach und nach vermehret werden könne, So soll aus denen Aemtern an Flachß und Federn so viel von der Haußhaltung nur immer zu entbehren Jährlich zur Wittumbshofstad geliefert, und deßwegen an die Beambte Befehl ertheilet, nichts weniger dasjenige, Was auf beschehener Besichtigung an dem Wittumbs Residenz-Hauße und der darzu gehörigen Gebäuden, mangelhaftig befunden werden, inhalts der Fürstlichen Ehe-Pacten, repariret und in baulichen Stand gesetzet, auch in der Stad ein düchtiger Keller, weil die

im Schloße zur Sommerzeit sehr warm sein, für die Wit-
tumbs-Hofhaltung gemiethet, und der Zinß aus der Fürstlichen Cammer bezahlet werden soll, dahingegen bleibt der
Fürstenkeller zum Vorrath der Fürstl. Vormundschafft. Als
auch

  Drittens der Verwittibten Herzogin Durchl. vor allen
Dingen wegen ihrer in denen Fürstl. Ehe-Pacten und Leibge-
dings-Brieff verschriebenen Leib-Renten, Jährlich 3200 Thlr.
und an Morgengabsgeldern 200 Thlr. sodann einige Verbesserung als 2600 Thlr. praetendiret und darneben gantz be- _111_
weglich remonstriren lassen, daß Sie bey wehrenden Fürstl.
Ehestande biß zu dem Fürstl. Altenburg. Anfall Keine Handgelder bekommen, sondern alles von ihren mitteln nehmen
und ihre Diener selbst besolden müssen, Ferner an Tapeten
und andern Möblen ein großes, und also zusammen 30,000
Thlr. angewendet, Welches alles gleichwohl der Fürstl. Cammer zu gute gienge, wehren auch überdieß erbötig, alle solche
Tapeten und Möblen bey dem Inventario Ihren Fürstl. Kin-
dern, welches jedoch dahin zu verstehen, daß im fall die
Fürstl. Kinder, so Gott gnädig verhüthen wolle, vor der
Fürstl. Frau Wittiben, mit Tode abgehen sollten, Sie darüber
alß Ihrem propre-Guthe nach ihrem gefallen zu disponiren,
frey Hand behalten solle, zu überlassen, und sich desjenigen
so Sie auß denen §. 1, e s s o l l a u c h ꝛc. der Leibgedingsverschreibung, an Victualien und Fourage, auf Ein Jahr zu fordern vermeinet, gäntzlich zu begeben, Wogegen von Seiten
des Herrn Vormunds Durchl. die große Schuldenlast und
ganz erschöpfte Cammer vorgeschützet, So ist wegen solcher
Posten ingesamt und absonderlich auf vielfältiges Zureden,
beliebet und verabredet worden, wie folget; Nehmlichen: Es
sollen der Fürstl. Frau Wittiben die verschriebenen 1400
Thlr. zur verbesserung, und also in Summe 4800 Thlr. Jährlich auf die 4 Quartale, aus der Fürstl. Renth-Cammer, so
lange der junge Prinz, nach Gottes willen beym Leben blei- _112_
bet, theils an Gelde, theils an Victualien und Fourage nach

dem verglichenen Tax und Verzeichniß Lit. B. ohnfehlbar gegen gebührende Quittung geliefert, auch zu bessern anfang der Wittumbs-Hoffhaltung straks nach der Fürstl. Beisetzung, ein Quartal an Victualien und Fourage gereichet, und deswegen an die Cammer-Bediente, so dießfals der Fürstl. Frau Wittiben Handschlag thun sollen, ernste und scharfe verordnungen ertheilet werden; Solte aber die Fürstl. Fr. Wittibe Ihren Wittbenstuhl verrücken, oder der junge Prinz, das doch Gott gnädig verhüte, mit Tod abgehen, alßdann bette man sich dießfals anderweit nach billigen Dingen zu vergleichen und nach abgeführter Schuldenlast, auf einige Verbesserung zu gedenken. Jedoch bleibet es allerdings bey den im Fürstl. Testament eventualiter legirten usu fructu, des Schenkkellers, Ziegelhütten und Kalkoffens, Ferner und

Zum Vierten, Sollen der Fürstl. Frau Wittiben, die nothdurfft an Brenn- Back- Wasch- und Bauholz von der Flöße, und angelegenen Forst, ohne entgeld gefolget, angewiesen, und Vor dero Hoffstad, von den Unterthanen hereingeführret werden.

Zum Fünften, soll an Wilpreth zum Wittumbs-Deputat Jährlichen 7 Hirsche, 8 Thire, 5 Starke Sauen, 5 Fröschlinge, 20 Rehe, 80 Haasen, 40 Rebhünner, 24 Schock Vogel und Lerchen, nach und nach, auf begehren, alles ohne Pirschgeld und Jägerrecht, oder andere Unkosten geliefert und angeführet werden. Dahingegen die Fürstl. Frau Wittibe sich der Niedre Jagden in der Stad- und Amts Weichbilde und gerichten, Feldern und Hölzern Jehna und Burga, gänzlich verziehen und begeben, hierüber

Zum Sechsten, haben deß Herrn Vormunds Durchl. der Verwittibten Herzogin, dem Gebrauch des Jehnischen und Burgauischen Lust- und Küchgarttens, so an der Schäfferey gelegen, zu Bezeugung dero Freund Schwächerlichen affectionen verwilliget, wollen auch den Jehnischen, nach und nach anbauen, und die Eißgrube zum stand bringen lassen.

114
113

Nichts weniger wegen Fertigung eines Zimmers zu Bewahrung der Außländischen Gewächse erkundigung einziehen, und nach Befinden Verfügen, daß hierzu gegen den Herbst anstalt gemacht werde,

Zum Siebenden, hat ob höchstgedachte Fürstl. Frau Wittib der Frohnen zur benöthigten Anführung des Bauholzes vor Dero Hoffstad, wie auch des Heues und Grummets, von denen eingeräumten Amts Wiesen, und Abholung der Frucht zur Hoffstad, dann ferner die Handfrohnen zum Holzlegen, Scheuern in Gemächern und Küchen, den Hoff zu reinigen, Ingleichen der Garten Arbeit Heu und Grummet machen, gegen Reichung Bier und Broth, wie es bei dem Fürstl. Eisenachischen Witthum gehalten worden, zu gebrauchen. Ob auch wohl

114

Zum Achten, der Verschaffung einiger Pferde, Kutschen und Geschirr, in den Ehe-Pactis undt Fürstl. Testamente nicht gedacht, Nachdem aber die Fürstl. Frau Wittib beweglich vorgestellt, daß sie mit dergleichen, wie sonst bei Fürstl. Stands Personen gebräuchlich, niemals versehen worden, und sich darneben erbothen, die neue holländische Kutzsche und Geschirr, welche sonst der Fürstl. Frau Wittibe zugedacht gewesen, der Fürstl. Vormundschaft zur freyen disposition zu überlassen, so hat der Herr Vormund Fürstlicher Durchl. anstatt der gesuchten Sieben Pferde Wagen und Geschirr, der verwittibten Herzogin Durchl. ausgangs Eines Jahrs aus der Vormundsschaft Cammer 1200 Thaler zu bezahlen versprochen.

Anlangend

Zum Neunden, die Pfleg- und auferziehung des Jungen Printzens, Herrn Johann Wilhelms, wie auch der Princeßin Charlotten Marien, weil solche in dem Fürstl. Väterl. Testament der Fürstl. Frau Wittiben Durchl. alß hierzu verordneter Vormünderin, aufgetragen, Ihre Fürstl. Durchl. auch dieselbe aus Fürst Mütterlicher Liebe und treu, gutwillig übernommen, hierzu aber der behörige Unterhalt, sowohl

115

der Fürstlichen Kinder, als ihrer Bedienten erfordert wird, So sollen höchstgedacht Fürstl. Fr. Wittiben, die ersten 3 Jahre, im fall immittelst des Fürstl. Printzens education keine änderung erfordern wird, Jährlich 1000 Thaler zur Kost- und Handgelder, Kleidung und allen andern benöthigten Außgaben, sonderlich Hochzeiten- und Bathen praesent auß der Fürstl. Cammer auf 4 quartale geliefert werden, außgenommen die Bedienten, welche des Herrn Vormunds Durchl. auß der Cammer Besolden, und die Laqueyen mit Liberey versehen lassen wollen, Nach solchen 3 Jahren aber soll deshalben ferner unterredung gepflogen, und gewisser Vergleich getroffen werden.

Vors Zehnde, dargegen die Fürstl. Fr. Wittibe sich freundlich erbothen, die Fürstl. Kinder nach anleitung der Leibgedings Verschreibung Fürst Väterlichen Testaments, und ohnlängst von sich gestellten Rückscheins in keinem andern, alß der Christlichen Religion Augspurger Confession, Wie sie in diesem Lande in übung ist, zu allen Christ Fürstlichen Tugenden zu erziehen, und in wichtigen Dingen mit ermelten Herrn Vormunde fleißig zu communiciren, Ingleichen hochgedacht dero Fürstl. Kinder, oder, welches doch Gott Verhüte, nach dero nimmerseyn die Fürstl. hohen Anverwanthen in dero letzten Willen dergestalt zu gedenken, daß sie darauf dero zutragende Affection zu verspühren haben sollen.

Vors Eilfte erbeut sich die Fürstl. Frau Wittibe, des Hrn. Vormunds Durchl. und Dero Wittums Residenz jedesmahl zum Abtritt, Wie auch bei Huldigung und Landtägen die hiezu benötigten Gemächer zu vergönnen. Damit auch

Zum Zwölften die ertauschten Zeitzischen Jagden desto beßer benutzt werden können, hat die Fürstl. Frau Wittibe, dero eigenthümliche hohe und Niedre Jagden so zum Guthe Porstendorff gehörig, der Fürstl. Vormundschafft auf Sechs Jahre Pachtweise überlassen, Worfür Jährlich nach und nach ein Hirsch, drey Thiere, Vier Rehe und Zwanzig Haasen, statt Pachtzinnses, zum Wittumbs Hoffstadt geliefert werden sollen.

Letzlich, und zum Dreyzehnden soll die Wache vorm Schlosse beständig erhalten werden.

Zu uhrkund haben beyde Paciscenten diesen Recess eigenhändig unterschrieben, und mit ihren Fürstl. Secreten besiegeln lassen.

So geschehen zu Jehna, am 30 Tag May des 1678sten Jahrs.

(LS.)

Johann Ernst
in Vormundschaft unsers
unmündigen Vetters Her-
zog Johann Wilhelms zu
Sachsen.

(LS.)

Marie Duchesse
de Saxe.